경상북도교육청 교육공무직원

제1회 모의고사

성명		생년월일	
문제 수(배점)	45문항	풀이시간	/ 50분
영역	직무능력검사		
비고	객관식 4지선다형		

❋ 유의사항 ❋

- 문제지 및 답안지의 해당란에 문제유형, 성명, 응시번호를 정확히 기재하세요.
- 모든 기재 및 표기사항은 "컴퓨터용 흑색 수성 사인펜"만 사용합니다.
- 예비 마킹은 중복 답안으로 판독될 수 있습니다.

1. 다음 제시된 어구풀이에 해당하는 단어 또는 관용구를 고르시오.

> 겉으로는 드러나지 아니하고 깊은 곳에서 일고 있는 움직임

① 저류(底流)　　　　② 강용(强勇)

③ 이연(怡然)　　　　④ 경미(輕微)

2. 다음 제시된 단어의 뜻을 고르면?

> 귀결

① 상대방의 의견을 높이는 말

② 끝을 맺음

③ 본보기가 될 만한 것

④ 세상에 보기 드문 솜씨

3. 다음 중 ( ) 안에 들어갈 단어로 바른 것을 고르시오.

> 인삼은 한국 고유의 약용 특산물이었으며, 약재로서의 효능과 가치가 매우 높은 물건이었다. 중국과 일본에서는 조선 인삼에 대한 (　　)이/가 폭발적으로 증가하였다. 이에 따라 인삼을 상품화하여 상업적 이익을 도모하는 상인들이 등장하였다. 특히 개인 자본을 이용하여 상업 활동을 하던 사상들이 평안도 지방과 송도를 근거지로 하여 인삼거래에 적극적으로 뛰어들었는데, 이들을 삼상이라고 하였다.

① 수요　　　　② 공급

③ 수출　　　　④ 제공

4. 다음 ( )에 들어갈 말로 적절한 것은?

> 정리하다 : 다스리다 = 갈라지다 : (　　)

① 결합하다　　　　② 단결하다

③ 바라지다　　　　④ 홀쭉하다

5. 다음 중 단어의 관계가 다른 하나는?

① 곰 – 사자 – 코끼리

② 개나리 – 해바라기 – 코스모스

③ 크루아상 – 카스텔라 – 식빵

④ 알 – 병아리 – 닭

6. 전제가 다음과 같을 때 결론으로 올바른 것은?

- 운동을 좋아하는 사람은 등산을 좋아한다.
- 산을 좋아하는 사람은 등산을 좋아한다.
- 건강을 중요시하는 사람은 운동을 좋아한다.
- 결론 : _____
---

① 산을 좋아하는 사람은 운동을 좋아한다.

② 건강을 중요시하는 사람은 등산을 좋아한다.

③ 산을 좋아하지 않는 사람은 등산을 좋아한다.

④ 건강을 중요시 하지 않는 사람은 산을 좋아한다.

7. 다음 중 수진이가 가장 첫 번째로 탄 놀이기구는 무엇인가?

- 수진이는 놀이공원에서 놀이기구 A, B, C, D, E를 한 번씩 타고 왔다.
- B를 타기 직전에 D를 탔다.
- C보다 A를 먼저 탔다.
- E를 타기 바로 전에 점심을 먹었다.
- A를 포함한 놀이기구 3개는 점심을 먹고 난 후에 탔다.
---

① A   ② B

③ C   ④ D

┃8~9┃ 다음 제시된 숫자의 배열을 보고 규칙을 적용하여 빈칸에 들어갈 알맞은 수를 고르시오.

8.

| 1 | 1 | 3 | 5 | 11 | 21 | ( ) | 85 |
---

① 37   ② 40

③ 43   ④ 46

9.

| $\dfrac{1}{88}$ | $\dfrac{3}{88}$ | $\dfrac{5}{88}$ | $\dfrac{7}{88}$ | $\dfrac{9}{88}$ | $\dfrac{(\ \ )}{88}$ | $\dfrac{15}{88}$ |
---

① 11   ② 12

③ 13   ④ 14

10. 20××년 카타르 월드컵을 대비하여 유력 우승 후보국 16개국를 참가시켜 단판승부에 의한 토너먼트 방식으로 시뮬레이션 게임을 하고자 한다. 대한민국이 1위를 하기 위해 치러야 하는 총 경기 수는?

① 12경기   ② 13경기

③ 14경기   ④ 15경기

11. 어느 고등학교의 학년별 학생 수는 같다. 1학년 여학생 수는 2학년 남학생 수와 같고, 3학년 여학생 수는 전체 여학생 수의 $\dfrac{2}{5}$ 이다. 3학년 여학생 수가 전체 학생수의 $\dfrac{b}{a}$ 일 때, $a+b$ 의 값은 얼마인가? (단, a와 b는 서로소인 자연수이다)

① 9

② 10

③ 11

④ 12

12. 다음은 ○○고등학교 A반과 B반의 시험성적에 관한 표이다. 이에 대한 설명으로 옳지 않은 것은?

분류	A반 평균		B반 평균	
	남학생(20명)	여학생(15명)	남학생(15명)	여학생(20명)
국어	6.0	6.5	6.0	6.0
영어	5.0	5.5	6.5	5.0

① 국어과목의 경우 A반 학생의 평균이 B반 학생의 평균보다 높다.

② 영어과목의 경우 A반 학생의 평균이 B반 학생의 평균보다 낮다.

③ 2과목 전체 평균의 경우 A반 여학생의 평균이 B반 남학생의 평균보다 높다.

④ 2과목 전체 평균의 경우 A반 남학생의 평균은 B반 여학생의 평균과 같다.

▌13～15▐ 다음은 어느 학급 학생 25명의 수학 성적과 과학 성적에 대한 상관표이다. 물음에 답하여라.

과학 \ 수학	60	70	80	90	100	합계
100				A	1	2
90			1	B		C
80		2	D	3	1	11
70	1	2	3	2		8
60	1					1
합계	2	4	9	8	2	25

13. 다음 중 A~D에 들어갈 수로 옳지 않은 것은?

① A＝1 ② B＝2

③ C＝3 ④ D＝4

14. 수학 성적과 과학 성적 중 적어도 한 과목의 성적이 80점 이상인 학생은 몇 명인가?

① 14명 ② 16명

③ 19명 ④ 21명

15. 수학 성적과 과학 성적의 평균이 90점 이상인 학생은 전체의 몇 %인가?

① 16% ② 20%

③ 25% ④ 30%

16. 길이가 Xm인 기차가 Ym인 다리에 진입하여 완전히 빠져나갈 때까지 걸리는 시간이 10초일 때, 기차의 속도는? (단, 기차의 속도는 일정하다.)

① $\dfrac{X+Y}{36}$km/h

② $\dfrac{2X+Y}{36}$km/h

③ $\dfrac{9(X+Y)}{25}$km/h

④ $\dfrac{9(2X+Y)}{25}$km/h

17. 다음에 제시된 단어와 의미가 상반된 단어는?

방임(坊任)

① 방치　　　　　　② 자유

③ 방종　　　　　　④ 통제

18. 다음에 제시된 단어와 비슷한 의미를 가진 단어는?

사리(事理)

① 이치　　　　　　② 사욕

③ 이용　　　　　　④ 사치

19. 다음 중 제시된 단어가 나타내는 뜻을 모두 포괄할 수 있는 단어는?

미치다 / 응하다 / 맡아 두다 / 따다

① 주다　　　　　　② 들다

③ 묶다　　　　　　④ 받다

20. 다음 중 발음이 옳은 것은?

① 아이를 안고[앙꼬] 힘겹게 계단을 올라갔다.

② 그는 이웃을 웃기기도[우 : 끼기도]하고 울리기도 했다.

③ 무엇에 홀렸는지 넋이[넉씨] 다 나간 모습이었지.

④ 무릎과[무릅과] 무릎을 맞대고 협상을 계속한다.

21. 다음 중 밑줄 친 부분의 맞춤법 표기가 바른 것은?

① 벌레 한 마리 때문에 학생들이 법썩을 떨었다.

② 실낱같은 희망을 버리지 않고 있다.

③ 오뚜기 정신으로 위기를 헤쳐 나가야지.

④ 더우기 몹시 무더운 초여름 날씨를 예상한다.

22. 다음 중, 띄어쓰기가 잘못된 것은?

① 그는 한국대학교 문과대학 국어국문학과 1년생이다.

② 나는 그 강을 건너다가 죽을 뻔도 했다.

③ 꽃놀이를 가는 사람들이 매우 많기도 하다.

④ 저 신사는 큰 기업체의 회장겸 대표이사이다.

23. 다음 밑줄 친 단어와 같은 의미로 쓰인 것은?

어머니가 잔칫상을 봤다.

① 그는 늦게나마 손자를 보게 되었다.

② 손해를 보면서 물건을 팔 사람은 없다.

③ 찌개 맛 좀 봐 주세요.

④ 손님 주무실 자리를 봐 드려라.

┃24~25┃ 다음에 제시된 9개의 단어 중 관련된 3개의 단어를 통해 유추할 수 있는 것을 고르시오.

24.

백과사전, 다육식물, 사막, 하늘, 백년초, 컴퓨터, 미세먼지, 결혼, 우유

① 장미　　　　　　② 선인장

③ 어린왕자　　　　④ 해녀

25.

어깨, 뿌리, 자동차, 기류, 공, 날개, 고기, 먼지, 하늘

① 비행기   ② 지하철

③ 버스   ④ 병원

26. 다음 글의 빈칸에 들어갈 내용으로 가장 알맞은 것은?

비트겐슈타인이 1918년에 쓴 『논리 철학 논고』는 '빈학파'의 논리실증주의를 비롯하여 20세기 현대 철학에 큰 영향을 주었다. 그는 많은 철학적 논란들이 언어를 애매하게 사용하여 발생한다고 보았기 때문에 언어를 분석하고 비판하여 명료화하는 것을 철학의 과제로 삼았다. 그는 이 책에서 언어가 세계에 대한 그림이라는 '그림이론'을 주장한다. 이 이론을 세우는데 그에게 영감을 주었던 것은, 교통사고를 다루는 재판에서 장난감 자동차와 인형 등을 이용한 모형을 통해 사건을 설명했다는 기사였다. 그런데 모형을 가지고 사건을 설명할 수 있는 이유는 무엇일까? 그것은 모형이 실제의 자동차와 사람 등에 대응하기 때문이다. 그는 언어도 이와 같다고 보았다. 언어가 의미를 갖는 것은 언어가 세계와 대응하기 때문이다. 다시 말해 언어가 세계에 존재하는 것들을 가리키고 있기 때문이다. 언어는 명제들로 구성되어 있으며, 세계는 사태들로 구성되어 있다. 그리고 명제들과 사태들은 각각 서로 대응_____

① 그러므로 언어는 세계를 설명할 수 있지만, 사건은 설명할 수 없다.

② 이처럼 언어와 세계의 논리적 구조는 동일하며, 언어는 세계를 그림처럼 기술함으로써 의미를 가진다.

③ 이처럼 비트겐슈타인은 '그림 이론'을 통해 언어가 설명할 수 없는 세계에 대하여 제시했다.

④ 그러므로 철학적 논란들은 언어를 명확하게 사용함으로써 사라질 것이다.

27. 다음은 코로나19로 인한 등교 관련 가정통신문이다. 이에 대한 설명으로 틀린 것은?

가정통신문

교무기획부

코로나19 관련 학생 및 보호자 준수사항 알림

학부모님들께 드립니다.

어제 본교에서 확진자가 발생함에 따라 학부모님과 교직원의 걱정이 커지고 그에 따른 여러 가지 어려움에 봉착해 있습니다. 부모님이 걱정하시는 바, 저희 교직원 모두의 마음과 같습니다. 등교수업이나 원격수업 시행은 단위학교에서 결정하지 못하고 학교와, 보건당국, 지역교육청의 협의에 따라 이루어지오니 결정된 사항에 대해서 적극 협조 부탁드립니다. 부모님의 마음을 충분히 헤아리고 있으면서도 그 마음을 충족시켜드리지 못해 죄송합니다. 거리두기 단계가 조정된다 해도 코로나19 상황이 종료되기까지는 안심해서는 안 됩니다. 당분간은 수업 마치고 귀가하면 가급적 외출을 자제하고 사람이 많이 모이는 곳에 가지 않도록 지도해 주시기 부탁드립니다.

어느 때보다 위기감이 느껴지는 시기이오니 코로나19 관련 학생, 보호자 및 가족 준수사항을 확인하시어 가정 내에서 자녀의 건강한 생활지도가 이루어질 수 있도록 적극 협조하여 주시기를 간곡히 부탁드립니다.

(※ 등교수업이 걱정되시는 학부모님은 반드시 담임선생님과 상담 후 체험학습(가정학습)을 신청하시기 바랍니다.)

〈학생 준수사항〉

□ 개인위생 관리를 철저히 합니다.

  ① 식사 전, 화장실 이용 후, 학교에 다녀온 후(또는 외출 후) 집에 도착하자마자 비누(또는 손소독제)와 물로 손을 씻습니다.

  ② 기침예절을 준수합니다.

  －기침을 할 때에는 휴지나 옷소매로 가리고/사용한 휴지는 바로 버린 후/반드시 비누와 물로 30초 이상 깨끗이 손씻기

□ 다음의 경우에는 등교하지 않고 담임선생님에게 알립니다.

  ① 37.5℃ 이상의 발열 또는 호흡기 증상이 나타난 경우

② 해외여행을 다녀왔거나 확진환자와 접촉하여 자가격리 통지서를 받은 경우

③ 가족(동거인) 중 해외여행이나 확진환자와의 접촉으로 자가격리 통지서를 받은 사람이 있는 경우

□ 등교 중지된 경우 반드시 다음의 생활수칙을 준수합니다.

① 바깥 외출 금지

② 가능한 독립된 공간에서 혼자 생활하기

③ 식사는 혼자서 하기

④ 방문은 닫은 채 창문을 자주 열어 환기시키기

〈보호자 및 가족 준수사항〉

□ 부모님께서는 매일 아침 자녀가 등교 전 체온과 호흡기증상 유무를 확인합니다.

□ 자녀가 등교 중지된 경우 보호자께서는 반드시 다음의 내용을 준수하도록 자녀에게 교육합니다.

① 바깥 외출 금지

② 가능한 독립된 공간에서 혼자 생활하기

③ 식사는 혼자서 하기

④ 방문은 닫은 채 창문을 자주 열어 환기시키기

□ 등교중지 중인 학생의 가족은 다음의 생활수칙을 준수합니다.

① 등교중지 중인 학생의 건강상태(발열, 호흡기 증상 등)를 매일 주의 깊게 관찰합니다.

② 등교중지 기간 동안 가족 또는 동거인은 최대한 등교중지 중인 학생과 접촉하지 않도록 합니다.

  -특히, 노인, 임산부, 소아, 만성질환, 암 등의 면역력이 저하된 분은 접촉을 급지합니다.

  -외부인의 방문도 제한합니다.

③ 등교중지 중인 학생과 독립된 공간에서 생활하시고, 공용으로 사용하는 공간은 자주 환기를 시킵니다.

④ 개인 물품(수건, 식기류 등)을 사용하도록 하며, 화장실, 세면대를 공용으로 사용한다면, 사용 후 소독(가정용 소독제)하고 다른 사람이 사용하도록 합니다.

① 등교중지 기간 동안 가족 또는 동거인은 최대한 등교중지 중인 학생과 접촉하지 않도록 하여야 한다.

② 37.5℃ 이상의 발열 또는 호흡기 증상이 나타난 경우 담임 선생님께 알리어 등교여부를 결정하도록 한다.

③ 본교에서 확진자가 발생하여 학생 및 보호자에게 준수사항을 가정통신문으로 발송하였다.

④ 등교 중지된 학생의 생활수칙과 보호자가 교육하여야 할 생활수칙의 내용은 동일하다.

28. 다음 문장을 순서대로 배열한 것으로 알맞은 것은?

(가) 현재 전하고 있는 갑인자본을 보면 글자획에 필력의 약동이 잘 나타나고 글자 사이가 여유 있게 떨어지고 있으며 판면이 커서 늠름하다.

(나) 이 글자는 자체가 매우 해정(글씨체가 바르고 똑똑함)하고 부드러운 필서체로 진나라의 위부인자체와 비슷하다 하여 일명 '위부인자'라 일컫기도 한다.

(다) 경자자와 비교하면 대자와 소자의 크기가 고르고 활자의 네모가 평정하며 조판도 완전한 조립식으로 고안하여 납을 사용하는 대신 죽목으로 빈틈을 메우는 단계로 개량·발전되었다.

(라) 또 먹물이 시커멓고 윤이 나서 한결 선명하고 아름답다. 이와 같은 이유로 이 활자는 우리나라 활자본의 백미에 속한다.

(마) 갑인자는 1434년(세종 16)에 주자소에서 만든 동활자로 그보다 앞서 만들어진 경자자의 자체가 가늘고 빽빽하여 보기가 어려워지자 좀 더 큰 활자가 필요하다하여 1434년 갑인년에 왕명으로 주조된 활자이다.

(바) 이 활자를 만드는 데 관여한 인물들은 당시의 과학자나 또는 정밀한 천문기기를 만들었던 기술자들이었으므로 활자의 모양이 아주 해정하고 바르게 만들어졌다.

① (마)-(나)-(바)-(다)-(가)-(라)

② (나)-(마)-(라)-(가)-(다)-(바)

③ (마)-(가)-(바)-(다)-(나)-(라)

④ (바)-(다)-(나)-(가)-(라)-(마)

29. 함께 여가를 보내려는 A, B, C, D, E 다섯 사람의 자리를 원형 탁자에 배정하려고 한다. 다음 글을 보고 옳은 것을 고르면?

- A 옆에는 반드시 C가 앉아야 된다.
- D의 맞은편에는 A가 앉아야 된다.
- 여가시간을 보내는 방법은 책읽기, 수영, 영화 관람이다.
- C와 E는 취미생활을 둘이서 같이 해야 한다.
- B와 C는 취미가 같다.

① A의 오른편에는 B가 앉아야 한다.

② B가 책읽기를 좋아한다면 E도 여가 시간을 책읽기로 보낸다.

③ B는 E의 옆에 앉아야 한다.

④ A와 D 사이에 C가 앉아있다.

30. 다음의 말이 전부 참일 때 항상 참인 것은?

- 그림을 잘 그리는 사람은 IQ가 높고, 상상력이 풍부하다.
- 키가 작은 사람은 IQ가 높다.
- 노래를 잘하는 사람은 그림을 잘 그린다.

① 상상력이 풍부하지 않은 사람은 노래를 잘하지 않는다.

② 그림을 잘 그리는 사람은 노래를 잘한다.

③ 키가 작은 사람은 상상력이 풍부하지 않다.

④ 그림을 잘 그리는 사람은 키가 크다.

31. A, B, C, D는 영업, 사무, 전산, 관리의 일을 각각 맡아서 하기로 하였다. A는 영업과 사무 분야의 업무를 싫어하고, B는 관리 업무를 싫어하며, C는 영업 분야 일을 하고 싶어하고, D는 전산 분야 일을 하고 싶어한다. 인사부에서 각자의 선호에 따라 일을 시킬 때 옳게 짝지은 것은?

① A – 관리
② B – 영업
③ C – 전산
④ D – 사무

32. 서울 출신 두 명과 강원도 출신 두 명, 충청도, 전라도, 경상도 출신 각 1명이 다음의 조건대로 줄을 선다. 앞에서 네 번째에 서는 사람의 출신지역은 어디인가?

- 충청도 사람은 맨 앞 또는 맨 뒤에 선다.
- 서울 사람은 서로 붙어 서있어야 한다.
- 강원도 사람 사이에는 다른 지역 사람 1명이 서있다.
- 경상도 사람은 앞에서 세 번째에 선다.

① 서울

② 강원도

③ 충청도

④ 전라도

33. 두 명의 한국인과 두 명의 중국인, 그리고 일본인, 미국인, 영국인 각각 한 명씩 모두 일곱 명을 의자에 일렬로 나란히 앉히려고 한다. 영국인이 왼쪽에서 세 번째 자리에 앉아야 하고, 다음과 같이 좌석을 배정해야 한다면, 오른쪽에서 세 번째 자리에 앉아야 하는 사람의 국적은?

- 일본인은 양 가장자리 중 한 곳에 앉아야 한다.
- 중국인끼리는 서로 붙어서 앉아야 한다.
- 한국인 사이에는 외국인 한 명이 꼭 사이에 끼어 앉아야 한다.

① 한국인
② 중국인
③ 일본인
④ 미국인

34. 다음과 같이 종이를 접은 후 구멍을 뚫고 펼친 뒤의 그림으로 옳은 것을 고르시오.

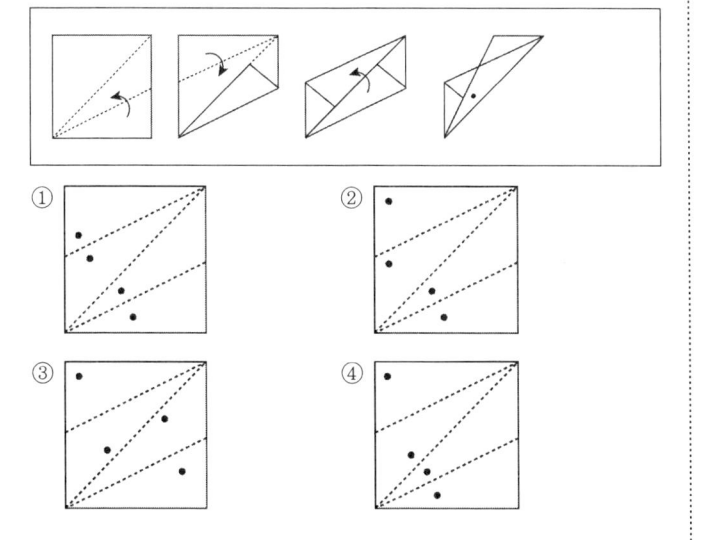

35. 다음 제시된 전개도로 만들 수 있는 주사위로 적절한 것을 고르시오.

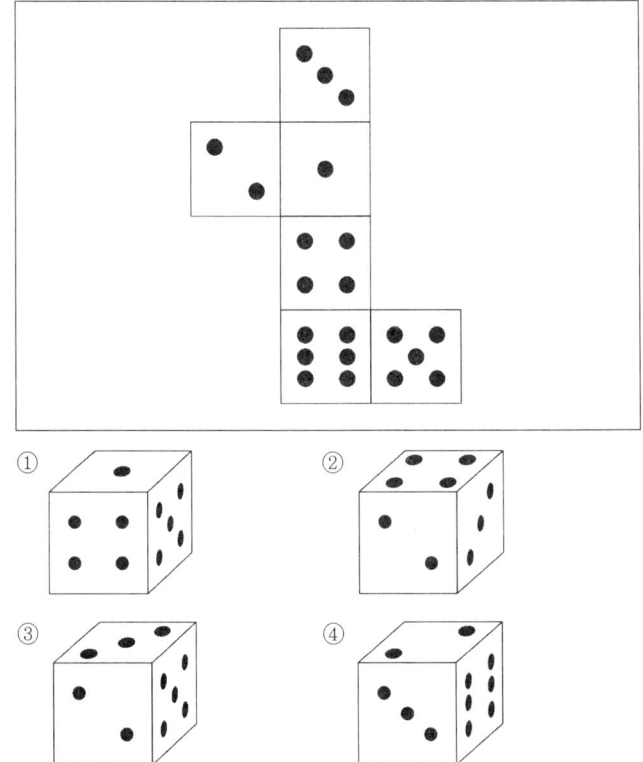

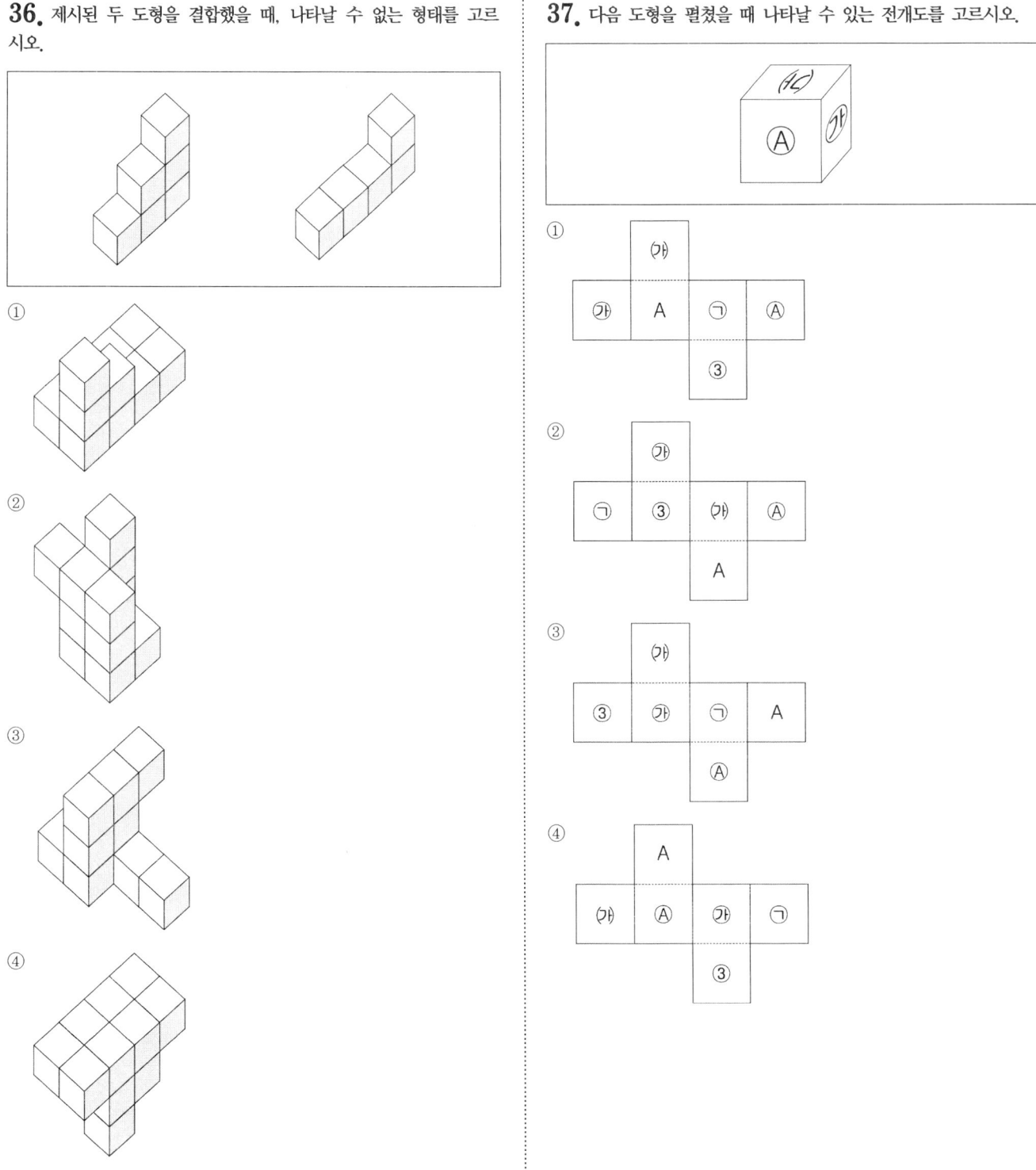

36. 제시된 두 도형을 결합했을 때, 나타날 수 없는 형태를 고르시오.

①

②

③

④

37. 다음 도형을 펼쳤을 때 나타날 수 있는 전개도를 고르시오.

①

②

③

④

38. 다음 입체도형에서 블록의 개수를 구하시오.

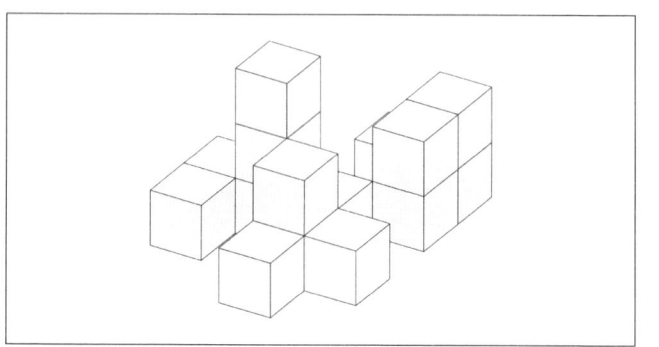

① 14개 ② 15개
③ 16개 ④ 17개

40. 아래의 기호/문자 무리에 제시되지 않은 것은?

↓	⇧	↣	↩	⇄	⇒
↣	⤬	↱	⌢	→	↰
↱	↓	⇔	⇍	⤬	⇧
⇄	⌢	↳	⇄	⇔	↳
⇔	⇒	⇑	⇒	⌢	↣
↱	↣	↨	⬂	↓	⤬

① ↰ ② ⇔
③ ⌢ ④ ⇒

39. 아래의 기호/문자 무리 중 '℃'는 몇 번 제시되었나?

Å	₡	¥	₡	℃	£
£	℃	°F	Å	£	∫∫
¥	°F	₡	¥	∮	°F
℃	£	℃	£	₡	∮
₡	Å	∮	∫∫	¥	℃
¥	°F	¥	℃	∮	°F

① 5개 ② 6개
③ 7개 ④ 8개

41. 다음에서 제시된 문자가 아닌 것은?

α	δ	Ο	κ	ζ	ν
λ	ω	Θ	χ	Θ	π
τ	β	σ	ε	ο	Φ
ψ	ζ	η	ι	υ	Ψ
Σ	μ	γ	ρ	φ	Ξ

① χ
② Ξ
③ ϒ
④ Ο

42. 다음 제시된 도형을 분리하였을 때 나올 수 없는 조각은?

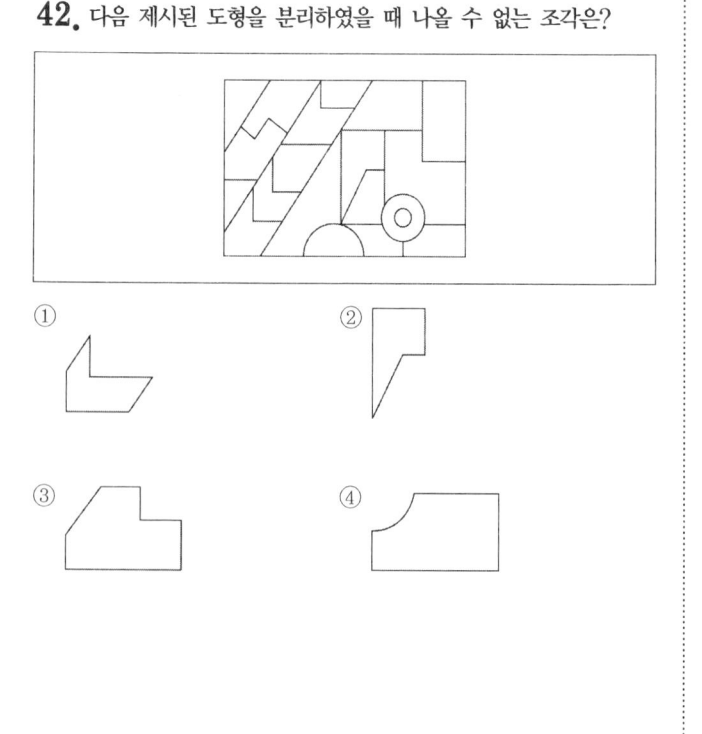

① ② ③ ④

44. 다음 제시된 모양들이 일정한 규칙을 갖는다고 할 때 '?'에 들어갈 알맞은 모양을 고른 것은?

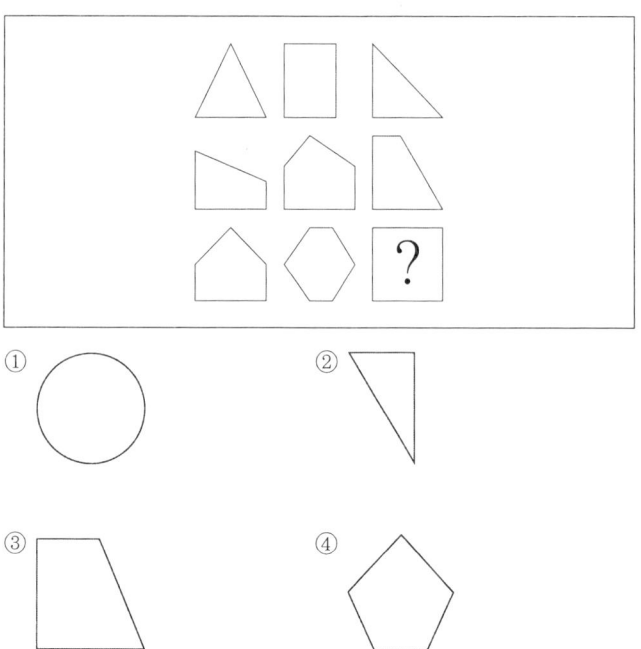

① ② ③ ④

43. 다음 도형의 규칙 변화를 찾아 빈 칸에 알맞은 모양을 바르게 고른 것은?

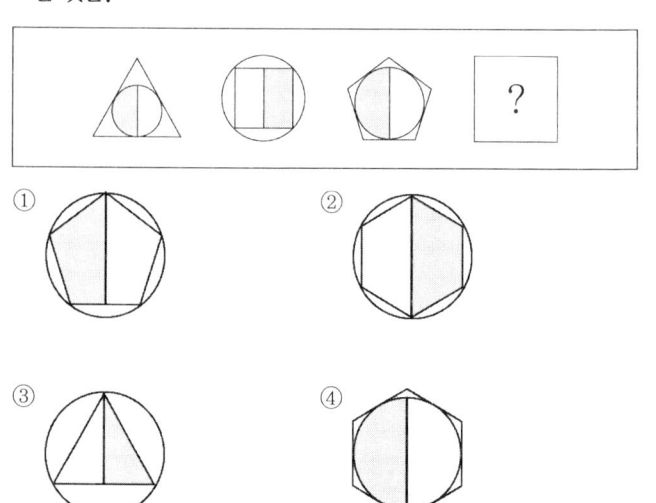

① ② ③ ④

45. 다음 제시된 그림을 반시계 방향으로 90° 회전시킨 결과 나타나는 모양으로 옳은 것은?

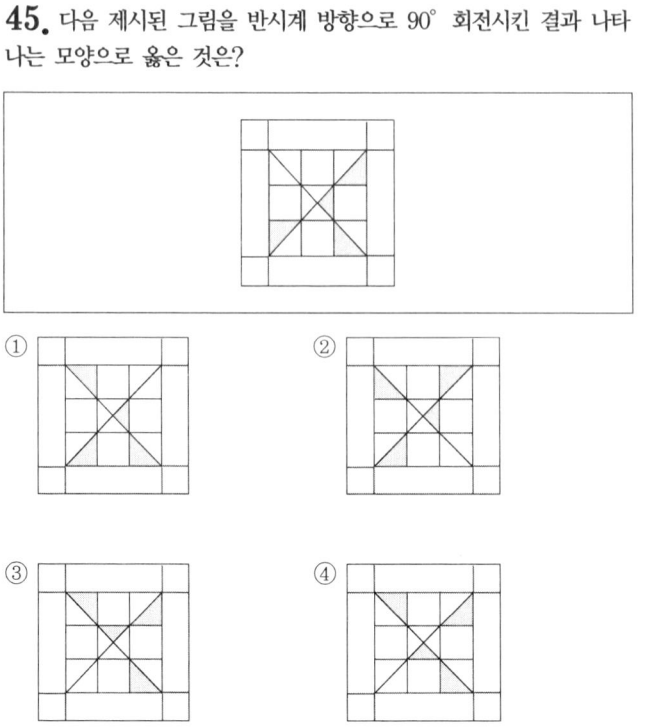

①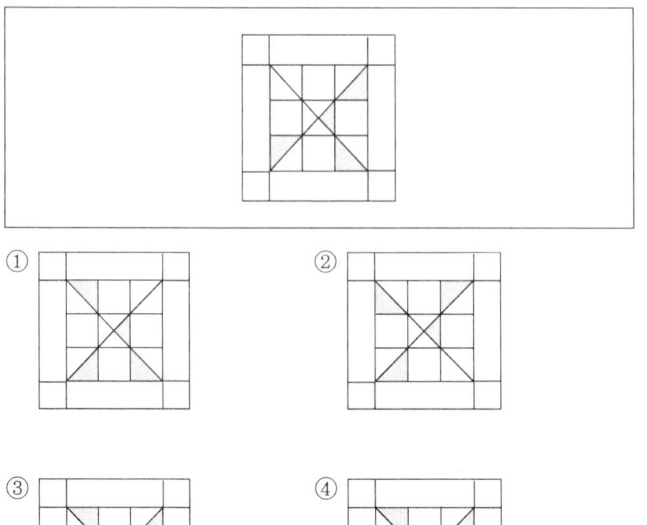

②

③

④

경상북도교육청 교육공무직원 모의고사

성명 | 성명

직무능력검사

번호	1	2	3	4	번호	1	2	3	4	번호	1	2	3	4
1	①	②	③	④	21	①	②	③	④	41	①	②	③	④
2	①	②	③	④	22	①	②	③	④	42	①	②	③	④
3	①	②	③	④	23	①	②	③	④	43	①	②	③	④
4	①	②	③	④	24	①	②	③	④	44	①	②	③	④
5	①	②	③	④	25	①	②	③	④	45	①	②	③	④
6	①	②	③	④	26	①	②	③	④					
7	①	②	③	④	27	①	②	③	④					
8	①	②	③	④	28	①	②	③	④					
9	①	②	③	④	29	①	②	③	④					
10	①	②	③	④	30	①	②	③	④					
11	①	②	③	④	31	①	②	③	④					
12	①	②	③	④	32	①	②	③	④					
13	①	②	③	④	33	①	②	③	④					
14	①	②	③	④	34	①	②	③	④					
15	①	②	③	④	35	①	②	③	④					
16	①	②	③	④	36	①	②	③	④					
17	①	②	③	④	37	①	②	③	④					
18	①	②	③	④	38	①	②	③	④					
19	①	②	③	④	39	①	②	③	④					
20	①	②	③	④	40	①	②	③	④					

수험번호

⓪	⓪	⓪	⓪	⓪	⓪	⓪	⓪
①	①	①	①	①	①	①	①
②	②	②	②	②	②	②	②
③	③	③	③	③	③	③	③
④	④	④	④	④	④	④	④
⑤	⑤	⑤	⑤	⑤	⑤	⑤	⑤
⑥	⑥	⑥	⑥	⑥	⑥	⑥	⑥
⑦	⑦	⑦	⑦	⑦	⑦	⑦	⑦
⑧	⑧	⑧	⑧	⑧	⑧	⑧	⑧
⑨	⑨	⑨	⑨	⑨	⑨	⑨	⑨

경상북도교육청 교육공무직원

제2회 모의고사

성명		생년월일	
문제 수(배점)	45문항	풀이시간	/ 50분
영역	직무능력검사		
비고	객관식 4지선다형		

1. 다음 제시된 어구풀이에 해당하는 단어 또는 관용구를 고르시오.

> 마음이 구슬퍼질 정도로 외롭거나 쓸쓸하다.

① 헌칠하다
② 옹색하다
③ 처량하다
④ 부실하다

2. 다음 제시된 단어의 뜻을 고르면?

> 앙양

① 야속함
② 사기를 북돋움
③ 우러러 봄
④ 점잔을 뺌

3. 다음 글의 내용과 일치하지 않는 것은?

물체가 진동하면 소리가 만들어진다. 이 중 주파수가 16Hz에서 20,000Hz 사이인 소리를 사람이 들을 수 있다. 소리를 듣는다는 것은 소리가 귀를 통해 뇌로 전달되어 분석되는 과정이다. 이 과정을 간략하게 설명하면, 소리는 외이와 중이를 거쳐 내이로 전달되고 내이에서 주파수별로 감지된다. 이후 각각의 정보는 청신경을 통해 뇌간으로 간 다음 뇌의 양측 측두엽으로 전달되어 최종 분석되는 것이다.

귀는 귓바퀴와 외이도를 포함한 외이, 고막과 청소골로 형성된 중이, 주파수별로 소리를 감지하는 내이로 나뉜다. 물렁뼈로 이루어진 귓바퀴는 소리를 모아서 외이도로 전달한다. 외이도는 고막과 함께 한쪽이 막힌 공명기 역할을 하여 일정 영역대의 소리 크기를 증폭해 준다.

중이에는 고막과 세 개의 단단한 뼈인 청소골이 있다. 고막은 외이도를 거쳐 도달한 진동 에너지를 모으고 증폭시켜 청소골로 전달한다. 증폭된 진동 에너지가 청소골을 울리고 청소골은 지렛대 같은 원리로 진동을 더욱 증폭시켜 내이 안의 림프라는 액체에 전달한다. 청소골의 작용 없이 진동 에너지가 림프가 차 있는 내이에 직접 전달된다면 공기와 액체의 밀도가 다르기 때문에 진동 에너지의 대부분이 반사되고 일부만이 내이로 전달될 것이다. 이렇게 고막과 청소골은 서로 다른 물질 사이에서 중계자 역할을 하여 에너지의 손실을 줄인다.

내이는 단단한 뼈로 둘러싸여 있는데 달팽이 껍질과 유사한 모양이기 때문에 달팽이관이라는 별명도 있다. 달팽이관의 안에는 기저막이 있는데 이 위에 코르티기관이 존재한다. 코르티기관에는 털세포가 들어 있으며 이 세포들이 외부에서 들어오는 소리 에너지를 받아 주파수별대로 소리 정보를 나누어 감지하고, 이를 청신경에 전달한다. 이 때 고주파 소리는 기저부에서 감지되고 저주파 소리는 첨부에서 감지된다. 기저부는 달팽이 껍질 모양의 넓은 쪽에, 첨부는 끝부분인 좁은 쪽에 해당한다.

① 외이와 중이는 소리를 모으고 증폭시키는 기관이다.

② 중이를 통해 전달된 소리는 내이에서 주파수별로 감지된다.

③ 중이는 서로 다른 물질 사이에서 에너지의 손실을 줄여 소리를 중계한다.

④ 내이는 중이에서 전달되는 소리를 받아들이기 쉽게 물렁뼈로 둘러싸여 있다.

4. 다음 중 ( ) 안에 들어갈 단어로 바른 것을 고르시오.

컴맹이던 고모는 이제 (   )한 작업은 컴퓨터로 할 수 있게 되었다.

① 웬만 ② 왠만

③ 웬간 ④ 앵간

5. 다음 중 단어의 관계가 다른 하나는?

① 도서관 – 책 – 소설책

② 대리점 – 자동차 – SUV

③ 극장 – 영화 – 스릴러영화

④ 백화점 – 마트 – 편의점

6. 다음에 제시된 명제가 모두 참일 때, 반드시 참이라고 할 수 있는 것은 어느 것인가?

- 배가 아픈 사람은 식욕이 좋지 않다.
- 배가 아프지 않은 사람은 홍차를 좋아하지 않는다.
- 웃음이 많은 사람은 식욕이 좋다.

① 식욕이 좋지 않은 사람은 배가 아프다.

② 배가 아프지 않은 사람은 웃음이 많다.

③ 배가 아픈 사람은 홍차를 좋아한다.

④ 홍차를 좋아하는 사람은 웃음이 많지 않다.

7. 다음 중 기울기가 가장 완만한 코스는 무엇인가?

- M스키장에는 총 4개의 코스(A, B, C, D)가 있다.
- 길이가 짧은 코스일수록 기울기가 가파르고, 긴 코스일수록 기울기가 완만하다.
- A코스는 B코스보다 길지만, D코스보다는 짧다.
- C코스는 A코스보다 기울기가 완만하다.
- D와 A코스의 순서 차이는 C와 B코스의 순서 차이와 같다.

① A ② B

③ C ④ D

┃8~9┃ 다음 빈칸에 들어갈 알맞은 숫자를 고르시오.

8.

7	9	12	4	( )		−1	22

① 15   ② 17

③ 19   ④ 21

9.

1	5	11	−5	21	( )	31	−25

① 10   ② −10

③ 15   ④ −15

10. 인터넷 사이트에 접속하여 초당 1.5MB의 속도로 파일을 내려 받는 데 총 12분 30초가 걸렸다. 파일을 내려 받는 데 걸린 시간은 인터넷 사이트에 접속하는 데 걸린 시간의 4배일 때, 내려 받은 파일의 크기는?

① 500MB

② 650MB

③ 900MB

④ 1,000MB

11. 어느 나라의 축구선수 1,000명 중 대표팀에 소속된 선수는 48명이다. 대표팀은 월드컵대표, 올림픽대표, 청소년대표의 세 종류로 각각 23명으로 구성되어 있다. 월드컵대표이면서 올림픽대표인 선수는 16명, 올림픽대표이면서 청소년대표인 선수는 5명, 청소년대표이면서 월드컵대표인 선수는 2명이다. 월드컵대표에만 소속되어 있는 선수는 모두 몇 명인가?

① 4

② 5

③ 6

④ 7

12. 동근이는 동료들과 함께 공원을 산책하였다. 공원에는 동일한 크기의 벤치가 몇 개 있다. 한 벤치에 5명씩 앉았더니 4명이 앉을 자리가 없어서 6명씩 앉았더니 남는 자리 없이 딱 맞았다. 동근이는 몇 명의 동료들과 함께 공원을 갔는가?

① 16명   ② 20명

③ 24명   ④ 30명

13. 30% 할인해서 팔던 벤치파카를 이월 상품 정리 기간에 할인된 가격의 20%를 추가로 할인해서 팔기로 하였다. 이 벤치파카는 원래 가격에서 얼마나 할인된 가격으로 판매하는 것인가?

① 34%   ② 44%

③ 56%   ④ 66%

14. A 주식의 가격은 B 주식의 가격의 2배이다. 민재가 두 주식을 각각 10주씩 구입 후 A 주식은 30%, B주식은 20% 올라 총 주식의 가격이 76,000원이 되었다. 오르기 전의 B 주식의 주당 가격은 얼마인가?

① 1,000원   ② 1,500원

③ 2,000원   ④ 3,000원

15. 전교생이 1,000명인 어느 학교에서 안경 낀 학생 수를 조사하였다. 안경 낀 학생은 안경을 끼지 않은 학생보다 300명이 적었다. 안경 낀 남학생은 안경 낀 여학생의 1.5배이었다면 안경 낀 여학생은 몇 명인가?

① 120   ② 140

③ 160   ④ 180

16. 어떤 콘텐츠에 대한 네티즌 평가에서 3,000명이 참여한 A 사이트에서는 평균 평점이 8.0이었으며, 2,000명이 참여한 B 사이트의 평균 평점은 6.0이었다. 이 콘텐츠에 대한 두 사이트 전체의 참여자의 평균 평점은 얼마인가?

① 7.0   ② 7.2

③ 8.0   ④ 8.2

17. 다음은 성인 직장인을 대상으로 소속감에 대하여 조사한 결과를 정리한 표이다. 조사 결과를 사회 집단 개념을 사용하여 분석한 내용으로 옳은 것은?

(단위 : %)

구분		가정	직장	동창회	친목 단체	합계
성별	남성	53.1	21.9	16.1	8.9	100.0
	여성	68.7	13.2	9.8	8.3	100.0
학력	중졸 이하	71.5	8.2	10.6	9.7	100.0
	고졸	62.5	17.7	11.8	8.0	100.0
	대졸 이상	54.0	22.5	16.0	7.5	100.0

① 학력이 높을수록 공동 사회라고 응답한 비율이 높다.

② 이익 사회라고 응답한 비율은 남성이 여성보다 높다.

③ 성별과 상관없이 자발적 결사체라고 응답한 비율이 가장 높다.

④ 과업 지향적인 집단이라고 응답한 비율은 여성이 남성보다 높다.

18. 다음에 제시된 단어와 상반된 의미를 가진 단어는?

> 존귀(尊貴)

① 존재   ② 귀중

③ 고귀   ④ 미천

19. 다음 중 제시된 단어가 나타내는 뜻을 모두 포괄할 수 있는 단어는?

죽이다 / 차지하다 / 알아내다 / 세우다

① 가지다   ② 잡다
③ 삼키다   ④ 설치하다

20. 다음 중 바르게 쓰인 표현을 고르면?

① 수출량을 2배 이상 늘릴 수 있도록 최선을 다 합시다.
② 옷을 달이다 말고 어디를 가는 게냐?
③ 벌인 입을 다물지 못하고 서 있었다.
④ 우리 가족은 삼팔선을 너머 남으로 내려왔다.

21. 어문 규정에 어긋난 것으로만 묶인 것은?

① 기여하고저, 뻐드렁니, 돌('첫 생일'), Nakdonggang('낙동강')
② 퍼붇다, 처부수다, 수퇘지, Daegwallyeong('대관령')
③ 안성마춤, 삵괭이, 더우기, 지그잭('zigzag')
④ 고샅, 일찍이, 굼주리다, 빠리('Paris')

22. 다음 중 띄어쓰기가 바르지 않은 문장은?

① 교실에는 책상, 걸상 등이 있다.
② 네가 알 바 아니다.
③ 이상은 위에서 지적한 바와 같습니다.
④ 그가 떠난지 벌써 1년이 지났다.

23. 다음 밑줄 친 단어와 같은 의미로 쓰인 것은?

충신이 반역죄를 <u>쓰고</u> 감옥에 갇혔다.

① 탈을 <u>쓰고</u> 탈춤을 춘다.
② 오늘 배운 데까지 공책에 두 번 <u>써</u> 오는 게 숙제다.
③ 그는 노래도 부르고 곡도 <u>쓰는</u> 가수 겸 작곡자이다.
④ 그는 억울하게 누명을 <u>썼다</u>.

24. 뼈의 칼슘 흡수에 도움을 주며, 일정 시간 햇빛에 의해 얻을 수 있는 영양소는 무엇인가?

① 비타민 A   ② 비타민 B
③ 비타민 C   ④ 비타민 D

┃25~26┃ 다음에 제시된 9개의 단어 중 관련된 3개의 단어를 통해 유추할 수 있는 것을 고르시오.

25.

계산기, 단풍, 키보드, 자동차, 연기, 고추잠자리, 영화, 플라스틱, 추수

① 극장   ② 여름
③ 가을   ④ 공장

26.

포스트잇, 안전, 공무원, 바나나, 디저트, 음주 단속, 행사, 웅변, 금메달

① 응급실   ② 구급차
③ 경찰   ④ 직장인

27. 다음 글의 내용과 일치하는 것은?

극의 진행과 등장인물의 대사 및 감정 등을 관객에게 설명했던 변사가 등장한 것은 1900년대이다. 미국이나 유럽에서도 변사가 있었지만 그 역할은 미미했을뿐더러 그마저도 자막과 반주 음악이 등장하면서 점차 소멸하였다. 하지만 주로 동양권, 특히 한국과 일본에서는 변사의 존재가 두드러졌다. 한국에서 변사가 본격적으로 등장한 것은 극장가가 형성된 1910년부터인데, 한국 최초의 변사는 우정식으로, 단성사를 운영하던 박승필이 내세운 인물이었다. 그 후 김덕경, 서상호, 김영환, 박응면, 성동호 등이 변사로 활약했으며 당시 영화 흥행의 성패를 좌우할 정도로 그 비중이 컸다. 단성사, 우미관, 조선 극장 등의 극장은 대개 5명 정도의 변사를 전속으로 두었으며 2명 내지 3명이 교대로 무대에 올라 한 영화를 담당하였다. 4명 내지 8명의 변사가 한 무대에 등장하여 영화의 대사를 교환하는 일본과는 달리, 한국에서는 한 명의 변사가 영화를 설명하는 방식을 취하였으며, 영화가 점점 장편화되면서부터는 2명 내지 4명이 번갈아 무대에 등장하는 방식으로 바뀌었다. 변사는 악단의 행진곡을 신호로 무대에 등장하였으며, 소위 전설(前說)을 하였는데 전설이란 활동사진을 상영하기 전에 그 개요를 앞서 설명하는 것이었다. 전설이 끝나면 활동사진을 상영하고 해설을 시작하였다. 변사는 전설과 해설 이외에도 막간극을 공연하기도 했는데 당시 영화관에는 영사기가 대체로 한 대밖에 없었기 때문에 필름을 교체하는 시간을 이용하여 코믹한 내용을 공연하였다.

① 한국과는 달리 일본에서는 변사가 막간극을 공연했다.
② 한국에 극장가가 형성되기 시작한 것은 1900년경이었다.
③ 한국은 영화의 장편화로 무대에 서는 변사의 수가 늘어났다.
④ 자막과 반주 음악의 등장으로 변사의 중요성이 더욱 높아졌다.

28. 다음 문장을 순서대로 배열한 것으로 알맞은 것은?

(가) 사유재산권 제도를 채택한 사회에서 재산의 신규취득 유형은 누가 이미 소유하고 있는 것을 취득하거나 아직 누구의 소유도 아닌 것을 취득하거나 둘 중 하나다.

(나) 시장 경제에서 매 생산단계의 투입과 산출은 각각 누군가의 사적 소유물이며, 소유주가 있는 재산은 대가를 지불하고 구입하면 그 소유권을 이전 받는다.

(다) 사적 취득의 자유를 누구에게나 동등하게 허용하는 동등 자유의 원칙은 사유재산권 제도에 대한 국민적 지지의 출발점으로서 신규 취득의 기회균등은 사유재산권 제도의 핵심이다.

(라) 누가 이미 소유하고 있는 재산의 취득을 인정받으려면 원소유주가 해당 재산의 소유권 이전에 대해 동의해야 한다. 그리고 누구의 소유도 아닌 재산의 최초 취득은 사회가 정한 절차를 따라야 인정받는다.

① (가) - (다) - (라) - (나)
② (다) - (가) - (라) - (나)
③ (다) - (라) - (가) - (나)
④ (나) - (가) - (라) - (다)

29. 다음 글의 전개방식을 사용하는 것은?

지금 지구 상공에는 수많은 인공위성이 돌고 있다. 인공위성은 크게 군사용 위성과 평화용 위성으로 나뉜다. 첩보위성, 위성 파괴 위성 등은 전자에 속하고, 통신 위성, 기상 관측 위성, 지구 자원 탐사 위성 등은 후자에 속한다.

① 법은 간단하게 공법과 사법으로 나누어 설명할 수 있다. 공법에는 헌법, 형법, 행정법 등이 있고, 사법에는 민법, 상법 등이 있다.

② 독서는 음독 중심의 독서에서 묵독으로, 그리고 다독이라는 분산형 독서에서 다시 20세기 후반부터 검색형 독서로 그 방식이 변화하였다.

③ 연민은 먼저 타인의 고통이 그 자신의 잘못에서 비롯된 것이 아니라 우연히 닥친 비극이어야 한다. 다음으로 그 비극이 언제든 나를 엄습할 수도 있다고 생각해야 한다.

④ 프로이드는 그의 이론에서 주요 개념으로 리비도, 본능, 동일시 등을 제시하고 있고, 융은 페르소나, 아니마, 아니무스 등을 제시하고 있다.

30. 다음은 세계 초고층 건물의 층수와 실제높이를 나타낸 것이다. 건물의 층수에 따른 예상높이를 계산하는 식이 '예상높이(m)= 3× 층수+300'과 같이 주어질 때, 예상높이와 실제높이의 차이가 큰 건물을 순서대로 바르게 나열한 것은?

건물 이름	층수	실제높이(m)
부르즈 칼리파	163	828
스카이 시티	220	838
나킬 타워	200	1,490
시티 타워	400	2,400
상하이 타워	128	632

① 시티 타워 > 나킬 타워 > 스카이 시티 > 상하이 타워 > 부르즈 칼리파

② 시티 타워 > 나킬 타워 > 스카이 시티 > 부르즈 칼리파 > 상하이 타워

③ 상하이 타워 > 부르즈 칼리파 > 스카이 시티 > 나킬 타워 > 시티 타워

④ 부르즈 칼리파 > 상하이 타워 > 스카이 시티 > 나킬 타워 > 시티 타워

31. 민수, 영민, 민희 세 사람은 제주도로 여행을 가려고 한다. 제주도까지 가는 방법에는 고속버스→배→지역버스, 자가용→배, 비행기의 세 가지 방법이 있을 때 민수는 고속버스를 타기 싫어하고 영민이는 자가용 타는 것을 싫어한다면 이 세 사람이 선택할 것으로 생각되는 가장 좋은 방법은?

① 고속버스, 배

② 자가용, 배

③ 비행기

④ 지역버스, 배

32. A, B, C, D, E는 4시에 만나서 영화를 보기로 약속했다. 이들이 도착한 것이 다음과 같다면 옳은 것은?

- A 다음으로 바로 B가 도착했다.
- B는 D보다 늦게 도착했다.
- B보다 늦게 온 사람은 한 명뿐이다.
- D는 가장 먼저 도착하지 못했다.
- 동시에 도착한 사람은 없다.
- E는 C보다 일찍 도착했다

① D는 두 번째로 약속장소에 도착했다.

② C는 약속시간에 늦었다.

③ A는 가장 먼저 약속장소에 도착했다.

④ E는 제일 먼저 도착하지 못했다.

33. A, B, C, D 네 명이 원탁에 둘러앉았다. A는 B의 오른쪽에 있고, B와 C는 마주보고 있다. D의 왼쪽과 오른쪽에 앉은 사람을 차례로 짝지은 것은?

① B - A
② B - C

③ C - B
④ A - C

34. 다음과 같은 구조를 가진 어느 호텔에 A~H 8명이 투숙하고 있고, 알 수 있는 정보가 다음과 같다. B의 방이 204호일 때, D의 방은? (단, 한 방에는 한 명씩 투숙한다)

a라인	201	202	203	204	205
복도					
b라인	210	209	208	207	206

- 비어있는 방은 한 라인에 한 개씩 있고, A, B, F, H는 a라인에, C, D, E, G는 b라인에 투숙하고 있다.
- A와 C의 방은 복도를 사이에 두고 마주보고 있다.
- F의 방은 203호이고, 맞은 편 방은 비어있다.
- C의 오른쪽 옆방은 비어있고 그 옆방에는 E가 투숙하고 있다.
- B의 옆방은 비어있다.
- H와 D는 누구보다 멀리 떨어진 방에 투숙하고 있다.

① 202호
② 205호

③ 206호
④ 207호

35. 다음 글을 근거로 판단할 때, 도형의 모양으로 옳게 짝지어진 것은?

> 5명의 학생은 5개의 도형 A ~ E의 모양을 맞히는 게임을 하고 있다. 5개의 도형은 모두 서로 다른 모양을 가지며 각각 삼각형, 사각형, 오각형, 육각형, 원 중 하나의 모양으로 이루어진다. 학생들에게 아주 짧은 시간 동안 5개의 도형을 보여준 후 도형의 모양을 2개씩 진술하게 하였다. 학생들이 진술한 도형의 모양은 다음과 같고, 모두 하나씩만 정확하게 맞혔다.
> • 갑 : C=삼각형, D=사각형
> • 을 : B=오각형, E=사각형
> • 병 : C=원, D=오각형
> • 정 : A=육각형, E=사각형
> • 무 : A=육각형, B=삼각형

① A=육각형, D=사각형

② B=오각형, C=삼각형

③ A=삼각형, E=사각형

④ C=오각형, D=원

36. 다음과 같이 종이를 접은 후 구멍을 뚫고 펼친 뒤의 그림으로 옳은 것을 고르시오.

①

②

③

④

37. 다음 전개도를 접었을 때 나타나는 정육면체의 모양이 아닌 것을 고르시오.

38. 다음 도형을 펼쳤을 때 나타날 수 있는 전개도를 고르시오.

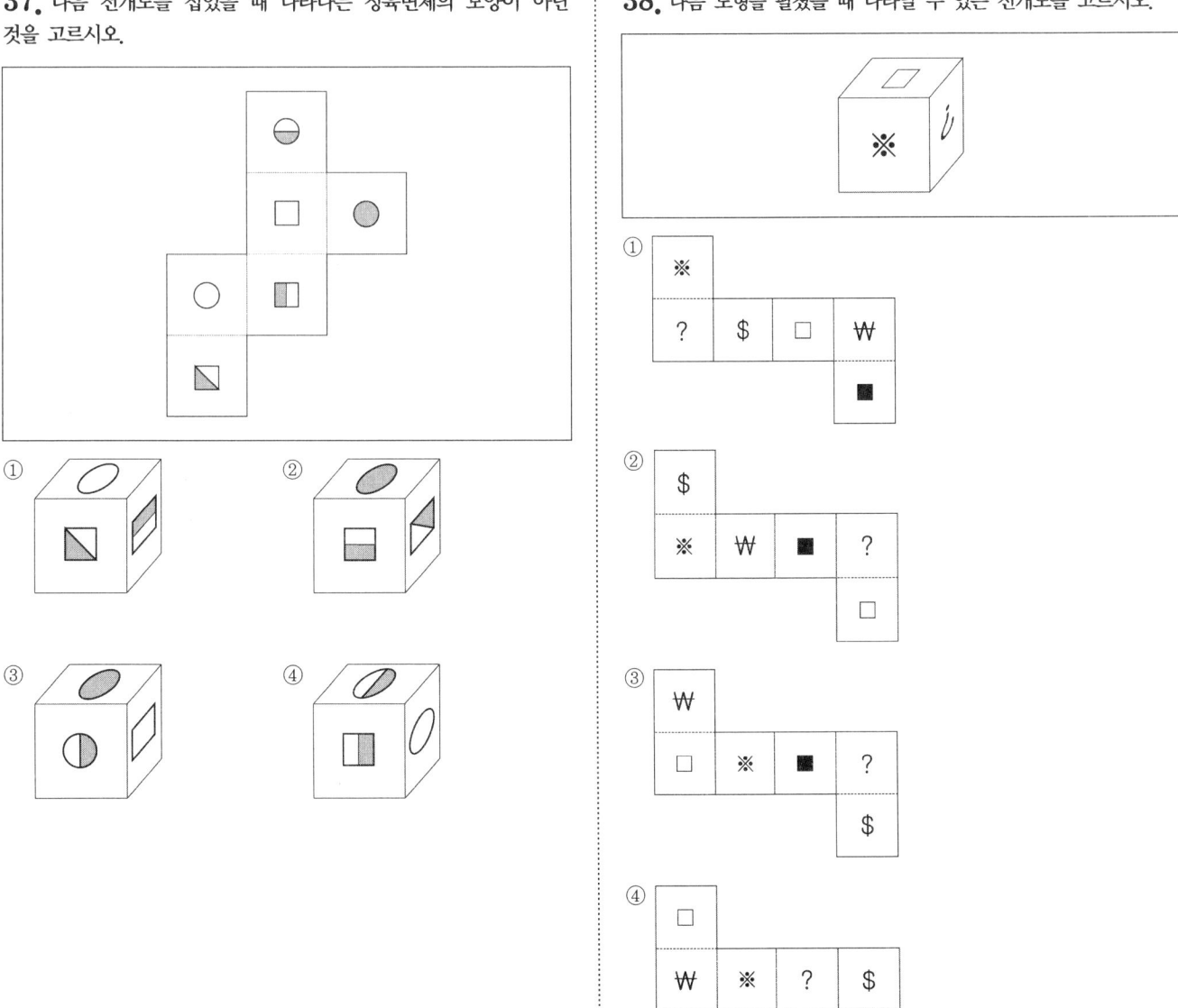

39. 다음 입체도형에서 블록의 개수를 구하시오.

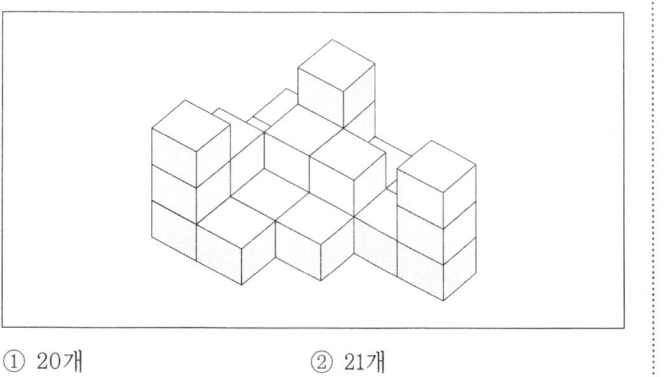

① 20개   ② 21개

③ 22개   ④ 23개

40. 다음에서 제시된 문자가 아닌 것은?

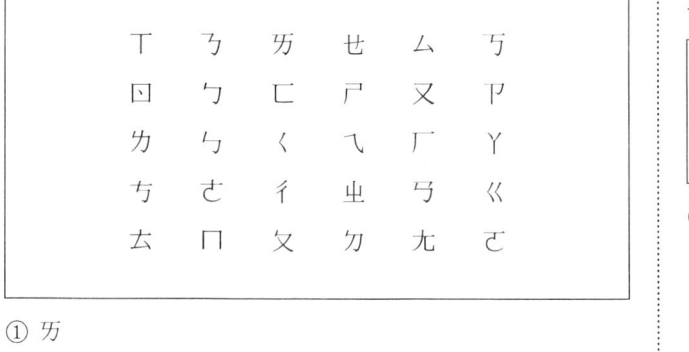

① ㄞ

② ㄌ

③ ㄛ

④ ㄩ

41. 다음 중 직육면체의 전개도가 다른 하나는 어느 것인가?

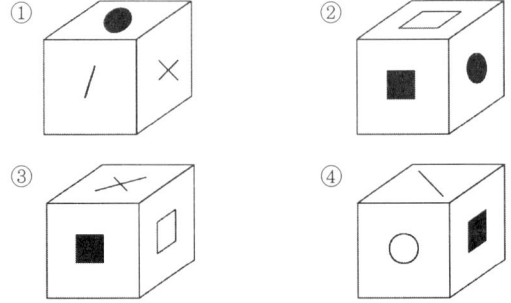

42. 다음 도형의 규칙 변화를 찾아 빈 칸에 알맞은 모양을 바르게 고른 것은?

43. 다음 제시된 모양들이 일정한 규칙을 갖는다고 할 때 '?'에 들어갈 알맞은 모양을 고른 것은?

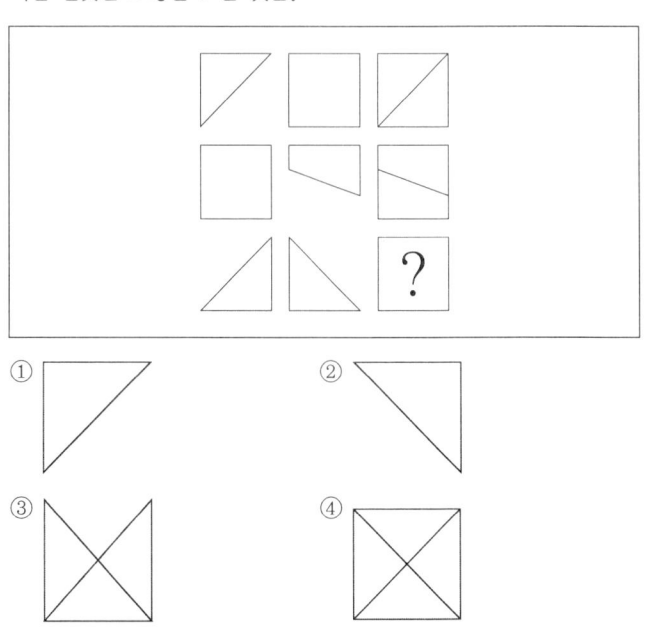

① 　

② 　

③ 　

④ 　

44. 아래의 기호/문자 무리 중 'D'는 몇 번 제시되었나?

A	C	Z	B	A	C
X	B	E	A	C	X
C	Y	C	X	Y	B
E	A	D	W	Z	Z
Y	Z	B	Z	E	C
X	E	Y	C	A	V

① 0번

② 1번

③ 2번

④ 3번

45. 아래의 기호/문자 무리에 제시되지 않은 것은?

① ⊷

② ≑

③ ÷

④ ∴

12

경상북도교육청 교육공무직원 모의고사

절 취 선

직무능력검사

성 명

1	①	②	③	④
2	①	②	③	④
3	①	②	③	④
4	①	②	③	④
5	①	②	③	④
6	①	②	③	④
7	①	②	③	④
8	①	②	③	④
9	①	②	③	④
10	①	②	③	④
11	①	②	③	④
12	①	②	③	④
13	①	②	③	④
14	①	②	③	④
15	①	②	③	④
16	①	②	③	④
17	①	②	③	④
18	①	②	③	④
19	①	②	③	④
20	①	②	③	④

21	①	②	③	④
22	①	②	③	④
23	①	②	③	④
24	①	②	③	④
25	①	②	③	④
26	①	②	③	④
27	①	②	③	④
28	①	②	③	④
29	①	②	③	④
30	①	②	③	④
31	①	②	③	④
32	①	②	③	④
33	①	②	③	④
34	①	②	③	④
35	①	②	③	④
36	①	②	③	④
37	①	②	③	④
38	①	②	③	④
39	①	②	③	④
40	①	②	③	④

41	①	②	③	④
42	①	②	③	④
43	①	②	③	④
44	①	②	③	④
45	①	②	③	④

수험번호

⓪	⓪	⓪	⓪	⓪	⓪	⓪	⓪	⓪
①	①	①	①	①	①	①	①	①
②	②	②	②	②	②	②	②	②
③	③	③	③	③	③	③	③	③
④	④	④	④	④	④	④	④	④
⑤	⑤	⑤	⑤	⑤	⑤	⑤	⑤	⑤
⑥	⑥	⑥	⑥	⑥	⑥	⑥	⑥	⑥
⑦	⑦	⑦	⑦	⑦	⑦	⑦	⑦	⑦
⑧	⑧	⑧	⑧	⑧	⑧	⑧	⑧	⑧
⑨	⑨	⑨	⑨	⑨	⑨	⑨	⑨	⑨

경상북도교육청 교육공무직원

제3회 모의고사

성명		생년월일	
문제 수(배점)	45문항	풀이시간	/ 50분
영역	직무능력검사		
비고	객관식 4지선다형		

1. 다음 제시된 어구풀이에 해당하는 단어 또는 관용구를 고르시오.

> 남의 사정을 돌보지 않고 제 일만 생각하는 태도가 있다.

① 야멸치다
② 야속하다
③ 야무지다
④ 야물다

2. 다음 제시된 단어의 뜻을 고르면?

> 무녀리

① 학술과 품행이 뛰어나서 모범이 될 만한 인물
② 무녀(巫女)를 이르는 말
③ 야만스러운 사람
④ 언행이 좀 모자라서 못난 사람을 비유하는 말

3. 다음 글의 내용과 일치하는 것은?

한글 맞춤법의 원리는 '한글 맞춤법은 표준어를 소리대로 적되, 어법에 맞도록 함을 원칙으로 한다.'라는 「한글 맞춤법」 총칙 제1항에 나타나 있다. 이 조항은 한글 맞춤법을 적용하여 표기하는 대상이 표준어임을 분명히 하고 있다. 따라서 표준어가 정해지면 맞춤법은 이를 어떻게 적을지 결정하는 구실을 한다. 그런데 표준어를 글자로 적는 방식에는 두 가지가 있을 수 있다. 하나는 '소리 나는 대로' 적는 방식이요, 또 하나는 소리 나는 것과는 다소 멀어지더라도 눈으로 보아 '의미가 잘 드러나도록' 적는 방식이다. 이 두 방식이 상충되는 면이 있는 듯하나 한글 맞춤법은 이 두 가지 방식을 적절히 조화시키고 있다. 즉 '소리대로 적되, 어법에 맞도록'이라는 제1항의 구절은 바로 이 두 방식의 절충을 의미하는 것이다. 다시 말해 제1항은 '표준어를 소리 나는 대로 적는다는 원칙과, 어법에 맞게 적는다는 원칙에 어긋나지 않아야 한다.'는 내용을 담고 있는 것이다.

그렇다면 어법에 맞게 적는다는 것은 무슨 뜻인가? 뜻을 파악하기 쉽도록 적는다는 것이다. 그런데 어떻게 적는 것이 뜻을 파악하기 쉽도록 적는 것인가? 그것은 문장에서 뜻을 담당하는 실사(實辭)를 밝혀 적는 방식일 것이다. 예컨대 '꼬치, 꼬츨, 꼳또'처럼 적기보다 실사인 '꽃'을 밝혀 '꽃이, 꽃을, 꽃도'처럼 적는 것이다. '꼬치'와 같이 적는 방식은 소리 나는 대로 적어서 글자로 적기에는 편할 수 있다. 그러나 뜻을 담당하는 실사가 드러나지 않아 눈으로 뜻을 파악하기에는 큰 불편이 따른다. 체언과 용언 어간은 대표적인 실사이다. 실사를 밝혀 뜻을 파악하기 쉽도록 적는다는 것은 체언과 조사를 구별해서 적고 용언의 어간과 어미를 구별해서 적는다는 것이다. 바로 이러한 내용을 포괄하는 내용을 담고 있는 것이 '어법에 맞게' 적는다는 것이다.

정리하면, 제1항의 '소리대로 적되, 어법에 맞도록'이란 구절을 바르게 적용하는 방법은 다음과 같다. 첫째, 어느 쪽으로 적는 것이 어법에 맞는지(즉 뜻 파악하기 쉬운지) 살펴 그에 따라 적고 둘째, 어느 쪽으로 적든지 어법에 맞는 정도에(뜻을 파악하는 데에) 별 차이가 없을 때에는 소리대로 적는다. 예컨대 '붙이다(우표를 ~)'와 '부치다(힘이 ~)'에서 전자는 동사 어간 '붙-'과 의미상의 연관성이 뚜렷하여 '붙이-'처럼 적어 줄 때 그 뜻을 파악하기 쉬운 이점이 있으므로 소리와 달리 '붙이다'로 적고, 후자는 전자와 달리, 굳이 소리와 다르게 적을 필요가 없으므로 '소리대로'의 원칙에 따라 '부치다'로 적는 것이다.

① 한글 맞춤법은 표준어를 정하는 원칙을 규정한 것이다.
② 어법을 고려해 적으면 뜻을 파악하는 데에 어려움이 따른다.
③ 실사를 밝혀 적는다는 것은 소리 나는 대로 적는다는 의미이다.
④ 표준어를 글자로 적을 때에는 소리와 어법 두 가지를 고려한다.

4. 다음 (   )에 들어갈 말로 적절한 것은?

분식 : (   ) = 세면도구 : 칫솔

① 정식   ② 순대
③ 식당   ④ 가게

5. 다음 중 단어의 관계가 다른 하나는?
① 병원 – 간호사 – 주사
② 수영장 – 학생 – 물안경
③ 경찰서 – 경찰 – 체포
④ 무대 – 가수 – 노래

6. 다음 중 항상 옳은 것은?

• 철수, 재연, 승리, 승혁 4명이 같은 지하철에서 서로 다른 칸을 탄다.
• 지하철은 총 4개 칸이고, 중앙에 두 칸은 약 냉방 칸이다.
• 승리는 승혁이보다 앞 칸에 탔다.
• 철수는 약냉방 칸에 탔고, 재연보다 뒤 칸에 탔다.
• 가장 앞 칸에 탄 사람은 승리가 아니다.

① 약 냉방 칸에 탈 수 있는 사람은 재연이다.
② 철수가 두 번째로 앞 칸에 탔다면, 승혁이가 가장 뒤 칸에 탄다.
③ 승리는 두 번째 칸에 탄다.
④ 승혁이는 약 냉방 칸에 탈 수 있다.

7. 주어진 결론을 반드시 참으로 하는 전제는 어느 것인가?

전제1 : 기린을 좋아하는 사람은 얼룩말을 좋아한다.
전제2 : 하마를 좋아하지 않는 사람은 기린을 좋아한다.
전제3 : _____
결론 : 코끼리를 좋아하는 사람은 하마를 좋아한다.

① 기린을 좋아하는 사람은 하마를 좋아한다.
② 코끼리를 좋아하는 사람은 얼룩말을 좋아한다.
③ 얼룩말을 좋아하는 사람은 코끼리를 좋아하지 않는다.
④ 하마를 좋아하는 사람은 기린을 좋아한다.

┃8~9┃ 다음 제시된 숫자의 배열을 보고 규칙을 적용하여 빈칸에 들어갈 알맞은 수를 고르시오.

8.

111	128	145	162	179	( )

① 185　　　　　　　　② 191

③ 196　　　　　　　　④ 197

9.

1	3	( )	15	31	63	127

① 5　　　　　　　　② 7

③ 9　　　　　　　　④ 11

10. 한 건물에 A, B, C 세 사람이 살고 있다. A는 B보다 12살이 많고, C의 나이의 2배보다 4살이 적다. 또한 B와 C는 동갑이라고 할 때 A의 나이는 얼마인가?

① 16살　　　　　　　　② 20살

③ 24살　　　　　　　　④ 28살

11. 스마트폰 X의 원가에 20%의 이익을 붙여서 정가를 책정하였다. 이벤트로 9만원을 할인해 팔아서 원가의 2%의 이익을 얻었다면 스마트폰 X의 원가는 얼마인가?

① 400,000원　　　　　　② 450,000원

③ 500,000원　　　　　　④ 550,000원

12. 두 가지 메뉴 A, B를 파는 어느 음식점에서 지난주에 두 메뉴를 합하여 1,000명분을 팔았다. 이번 주에는 지난주에 비하여 A 메뉴는 판매량이 5% 감소하고, B 메뉴는 10% 증가하여 전체적으로 4% 증가하였다. 이번 주에 판매된 A 메뉴는 몇 명분인가?

① 360명　　　　　　　　② 380명

③ 400명　　　　　　　　④ 420명

13. 다음은 어느 학교 학생들의 중간평가점수 중 영역별 상위 5명의 점수이다. 이에 대한 설명 중 옳은 것은?

순위	국어		영어		수학	
	이름	점수	이름	점수	이름	점수
1	A	94	B	91	D	97
2	C	93	A	90	G	95
3	E	90	C	88	F	90
4	D	88	F	82	B	88
5	F	85	D	76	A	84

※ 1) 각 영역별 동점자는 없었음
　 2) 총점이 250점 이하인 학생은 보충수업을 받는다.
　 3) 전체 순위는 세 영역 점수를 더해서 정한다.

① B의 총점은 263점을 초과하지 못한다.

② E는 보충수업을 받지 않아도 된다.

③ D의 전체 순위는 2위이다.

④ G는 보충수업을 받아야 한다.

14. 다음 자료는 연도별 자동차 사고 발생상황을 정리한 것이다. 다음의 자료로부터 추론하기 어려운 내용은?

구분 / 연도	발생 건수(건)	사망자 수(명)	10만 명당 사망자 수 (명)	차 1만 대당 사망자 수 (명)	부상자 수(명)
2020	246,452	11,603	24.7	11	343,159
2021	239,721	9,057	13.9	9	340,564
2022	275,938	9,353	19.8	8	402,967
2023	290,481	10,236	21.3	7	426,984
2024	260,579	8,097	16.9	6	386,539

① 연도별 자동차 수의 변화

② 운전자 1만 명당 사고 발생 건수

③ 자동차 1만 대당 사고율

④ 자동차 1만 대당 부상자 수

15. 다음은 A기업에서 승진시험을 시행한 결과이다. 시험을 치른 200명의 국어와 영어의 점수 분포가 다음과 같을 때 국어에서 30점 미만을 얻은 사원의 영어 평균 점수의 범위는?

(단위 : 명)

국어(점) / 영어(점)	0~9	10~19	20~29	30~39	40~49	50~59	60~69	70~79	80~89	90~100
0~9	3	2	3							
10~19	5	7	4							
20~29			6	5	5	4				
30~39				10	6	3	1	3	3	
40~49				2	9	10	2	5	2	
50~59				2	5	4	3	4	2	
60~69				1	3	9	24	10	3	
70~79					2	18				
80~89					10					
90~100										

① 9.3~18.3

② 9.5~17.5

③ 10.2~12.3

④ 11.6~15.4

┃16~18┃ 다음은 L전자 판매량과 실제 매출액의 관계를 나타낸 것이다. 이 자료를 보고 물음에 답하시오.

제품명	판매량(만 대)	실제 매출액(억 원)
냉장고	110	420
에어컨	100	308
김치냉장고	100	590
청소기	80	463
세탁기	80	435
살균건조기	80	422
공기청정기	75	385
전자레인지	60	356

16. 냉장고와 전자레인지는 판매량에서 몇 배나 차이가 나는가? (단, 소수점 둘째 자리까지만 구하시오)

① 1.62

② 1.83

③ 2.62

④ 3.14

17. 예상 매출액은 '판매량×2＋100'이라고 할 때, 예상 매출액과 실제 매출액의 차이가 가장 작은 제품과 가장 큰 제품이 바르게 짝지어진 것은?

	차이가 가장 작은 제품	차이가 가장 큰 제품
①	에어컨	김치냉장고
②	전자레인지	청소기
③	냉장고	김치냉장고
④	에어컨	청소기

18. 표에 제시된 제품들로 구성된 전체 매출액에서 김치냉장고가 차지하는 비율은? (단, 소수점 첫째 자리까지 구하시오)

① 17.4%

② 18.6%

③ 19.2%

④ 21.3%

19. 다음에 제시된 단어와 비슷한 의미를 가진 단어는?

미욱하다

① 미천하다   ② 현명하다

③ 어리석다   ④ 재빠르다

20. 다음 중 제시된 단어가 나타내는 뜻을 모두 포괄할 수 있는 단어는?

차리다 / 취하다 / 따르다

① 가다   ② 명령하다

③ 외면하다   ④ 갖추다

21. 어문 규정에 모두 맞게 표기된 문장은?

① 휴계실 안이 너무 시끄러웠다.

② 오늘은 웬지 기분이 좋습니다.

③ 밤을 세워 시험공부를 했습니다.

④ 아까는 어찌나 배가 고프던지 아무 생각도 안 나더라.

22. 다음 중 띄어쓰기가 바르지 않은 문장은?

① 나에게는 당신뿐이기에 그저 보고플 뿐입니다.

② 바람 부는대로 정처 없이 걸으면서 생각을 정리했다.

③ 친구가 도착한 지 두 시간 만에 떠났다.

④ 나를 알아주는 사람은 형밖에 없었다.

23. 다음 밑줄 친 단어와 같은 의미로 쓰인 것은?

아무래도 누군가 그를 밀고 있다.

① 어머니가 머뭇거리면서 파출소 문을 밀고 들어왔다.

② 누군가 자네를 강력하게 밀고 있는 이가 당 중앙에 있다는 얘길세.

③ 구겨진 바지를 다리미로 한 번 밀어라.

④ 만두피를 밀다.

24. 다음 중 ( ) 안에 들어갈 단어로 바른 것을 고르시오.

우리의 조상들은 심성이 달의 속성과 일치한다고 믿었기 때문에 달을 풍년을 주재하는 신으로 숭배하였다. 그리고 천체의 운행 시간과 변화에 매우 지혜로웠다. 천체 가운데에서도 가장 잘 ( )할 수 있는 달의 모양이 뚜렷했기 때문에 음력 역법을 쓰는 문화권에서는 달이 이지러져서 완전히 차오르는 상태가 시간을 측정하는 기준이 된다는 중요한 의미를 알게 되었다.

① 성찰(省察)   ② 고찰(考察)

③ 간과(看過)   ④ 첨삭(添削)

25.

| 흰머리수리, 사다리, 종이, 봄, 도널드, 거울, 바람, 가위, 50 |

① 나무
② 미국
③ 소방관
④ 계절

26.

| 텀블러, 탁구, 마이크, 정치, 고양이, 코인, 나무, 스피커, 중간고사 |

① 등산
② 학교
③ 운동장
④ 노래방

27. 다음 글의 중심 내용으로 가장 적절한 것은?

행랑채가 퇴락하여 지탱할 수 없게끔 된 것이 세 칸이었다. 나는 마지못하여 이를 모두 수리하였다. 그런데 그중의 두 칸은 앞서 장마에 비가 샌 지가 오래되었으나, 나는 그것을 알면서도 이럴까 저럴까 망설이다가 손을 대지 못했던 것이고, 나머지 한 칸은 비를 한 번 맞고 샜던 것이라 서둘러 기와를 갈았던 것이다. 이번에 수리하려고 본즉 비가 샌 지 오래된 것은 그 서까래, 추녀, 기둥, 들보가 모두 썩어서 못 쓰게 되었던 까닭으로 수리비가 엄청나게 들었고, 한 번밖에 비를 맞지 않았던 한 칸의 재목들은 완전하여 다시 쓸 수 있었던 까닭으로 그 비용이 많이 들지 않았다.

나는 이에 느낀 것이 있었다. 사람의 몸에 있어서도 마찬가지라는 사실을. 잘못을 알고서도 바로 고치지 않으면 곧 그 자신이 나쁘게 되는 것이 마치 나무가 썩어서 못 쓰게 되는 것과 같으며, 잘못을 알고 고치기를 꺼리지 않으면 해(害)를 받지 않고 다시 착한 사람이 될 수 있으니, 저 집의 재목처럼 말끔하게 다시 쓸 수 있는 것이다. 뿐만 아니라 나라의 정치도 이와 같다. 백성을 좀먹는 무리들을 내버려두었다가는 백성들이 도탄에 빠지고 나라가 위태롭게 된다. 그런 연후에 급히 바로잡으려 하면 이미 썩어 버린 재목처럼 때는 늦은 것이다. 어찌 삼가지 않겠는가.

① 모든 일에 기초를 튼튼히 해야 한다.
② 청렴한 인재 선발을 통해 정치를 개혁해야 한다.
③ 잘못을 알게 되면 바로 고쳐 나가는 자세가 중요하다.
④ 훌륭한 위정자가 되기 위해서는 매사 삼가는 태도를 지녀야 한다.

28. 다음 문장을 순서대로 배열한 것으로 알맞은 것은?

(가) 인물 그려내기라는 말은 인물의 생김새나 차림새 같은 걸 모습을 그려내는 것만 가리키는 듯 보이기 쉽다.

(나) 여기서 눈에 보이는 것의 대부분을 뜻하는 공간에 대해 살필 필요가 있다. 공간은 이른바 공간적 배경을 포함한, 보다 넓은 개념이다.

(다) 하지만 인물이 이야기의 중심적 존재이고 그가 내면을 지닌 존재임을 고려하면, 인물의 특질을 제시하는 것의 범위는 매우 넓어진다. 영화, 연극 같은 공연 예술의 경우, 인물과 직접적·간접적으로 관련된 것들, 무대 위나 화면 속에 자리해 감상자의 눈에 보이는 것 거의 모두가 인물 그려내기에 이바지한다고까지 말할 수 있다.

(라) 그것은 인물과 사건이 존재하는 곳과 그곳을 구성하는 물체들을 모두 가리킨다. 공간이라는 말이 다소 추상적이므로, 경우에 따라 그곳을 구성하는 물체들, 곧 비나 눈 같은 기후 현상, 옷, 생김새, 장신구, 가구, 거리의 자동차 등을 '공간소'라고 부를 수 있다.

① (가) – (나) – (다) – (라)

② (가) – (다) – (나) – (라)

③ (가) – (라) – (나) – (다)

④ (라) – (나) – (가) – (다)

29. 다음 글에 나타난 '플로티노스'의 견해와 일치하는 것은?

여기에 대리석 두 개가 있다고 가정해 보자. 하나는 거칠게 깎아낸 그대로이며, 다른 하나는 조각술에 의해 석상으로 만들어져 있다. 플로티노스에 따르면 석상이 아름다운 이유는, 그것이 돌이기 때문이 아니라 조각술을 통해 거기에 부여된 '형상' 때문이다. 형상은 그 자체만으로는 질서가 없는 질료에 질서를 부여하고, 그것을 하나로 통합하는 원리이다.

형상은 돌이라는 질료가 원래 소유하고 있던 것이 아니며, 돌이 찾아오기 전부터 돌을 깎는 장인의 안에 존재하던 것이다. 장인 속에 있는 이 형상을 플로티노스는 '내적 형상'이라 부른다. 내적 형상은 장인에 의해 돌에 옮겨지고, 이로써 돌은 아름다운 석상이 된다. 그러나 내적 형상이 곧 물체에 옮겨진 형상과 동일한 것은 아니다. 플로티노스는 내적 형상이 '돌이 조각술에 굴복하는 정도'에 응해서 석상 속에 내재하게 된다고 보았다.

그렇다면 우리가 어떤 석상을 '아름답다'고 느낄 때는 어떠한 일이 일어날까? 플로티노스는 우리가 물체 속의 형상을 인지하고, 이로부터 질료와 같은 부수적 성질을 버린 후 내적 형상으로 다시 환원할 때, 이 물체를 '아름답다'고 간주한다고 보았다. 즉, 내적 형상은 장인에 의해 '물체 속의 형상'으로 구현되고, 감상자는 물체 속의 형상으로부터 내적 형상을 복원함으로써 아름다움을 느끼는 것이다.

① 장인의 조각술은 질료에 내재되어 있던 '형상'이 밖으로 표출되도록 도와주는 역할을 한다.

② 물체에 옮겨진 '형상'은 '내적 형상'과 동일할 수 없으므로 질료 자체의 질서와 아름다움에 주목해야 한다.

③ 동일한 '내적 형상'도 '돌이 조각술에 굴복하는 정도'에 따라 서로 다른 '형상'의 조각상으로 나타날 수 있다.

④ 자연 그대로의 돌덩어리라 할지라도 감상자가 돌덩어리의 '내적 형상'을 복원해 낸다면 '아름답다'고 느낄 수 있다.

30. A, B, C, D, E의 성적을 높은 순서대로 순번을 매겼더니 다음과 같았다. 성적이 두 번째로 높은 사람은?

> • 순번상 E의 앞에는 2명 이상의 사람이 있고 C보다는 앞이었다.
> • D의 순번 바로 앞에는 B가 있다.
> • A의 순번 뒤에는 2명이 있다.

① A
② B
③ C
④ D

31. 다음 상황에서 진실을 얘기하고 있는 사람이 한 명 뿐일 때 총을 쏜 범인과 진실을 이야기 한 사람으로 바르게 짝지어진 것은?

> 어느 아파트 옥상에서 한 남자가 총에 맞아 죽은 채 발견됐다. 그의 죽음을 조사하기 위해 형사는 죽은 남자와 관련이 있는 용의자 A, B, C, D 네 남자를 연행하여 심문하였는데 이들은 다음과 같이 진술하였다.
> A : B가 총을 쐈습니다. 내가 봤어요.
> B : C와 D는 거짓말쟁이입니다. 그들의 말은 믿을 수 없어요!
> C : A가 한 짓이 틀림없어요. A와 그 남자는 사이가 아주 안좋았단 말입니다.
> D : 내가 한 짓이 아니에요. 나는 그를 죽일 이유가 없습니다.

① 범인 : A, 진실 : C
② 범인 : B, 진실 : A
③ 범인 : C, 진실 : D
④ 범인 : D, 진실 : B

32. '갑, 을, 병, 정, 무, 기, 경, 신' 8명을 4명씩 두 조로 만들 때 다음 조건을 만족하는 가능한 조 편성은?

> • '병'과 '기'는 각 조의 조장을 맡는다.
> • '을'은 '정' 또는 '기'와 같은 조가 되어야 한다.

① 갑, 을, 병, 기
② 갑, 정, 기, 신
③ 을, 정, 기, 신
④ 을, 병, 무, 경

33. 다음은 맛집 정보와 평가 기준을 정리한 표이다. 이 자료를 바탕으로 판단할 때 총점이 가장 높은 음식점은 어디인가?

평가항목 음식점	음식 종류	이동 거리	1인분 가격	평점 (★ 5개 만점)	예약 가능 여부
북경반점	중식	150m	7,500원	★★☆	○
샹젤리제	양식	170m	8,000원	★★★	○
경복궁	한식	80m	10,000원	★★★★	×
아사이타워	일식	350m	9,000원	★★★★☆	×
광화문	한식	300m	12,000원	★★★★★	×

※ ☆은 ★의 반개다.

> ◎ 평가항목 중 이동거리, 가격, 맛평점에 대하여 각 항목별로 5, 4, 3, 2, 1점을 각각의 음식점에 하나씩 부여한다.
> • 이동거리가 짧은 음식점일수록 높은 점수를 준다.
> • 가격이 낮은 음식점일수록 높은 점수를 준다.
> • 맛평점이 높은 음식점일수록 높은 점수를 준다.
> ◎ 평가 항목 중 음식종류에 대하여 일식 5점, 한식 4점, 양식 3점, 중식 2점을 부여한다.
> ◎ 예약이 가능한 경우 가점 1점을 부여한다.
> ◎ 총점은 음식종류, 이동거리, 가격, 맛 평점의 4가지 평가항목에서 부여받은 점수와 가점을 합산하여 산출한다.

① 북경반점
② 샹젤리제
③ 경복궁
④ 아사이타워

34. 다음은 그림은 복도를 사이에 두고 1001～1003호, 1004～1007호의 7개 방이 엘리베이터의 양쪽에 늘어서 있는 것을 나타낸 것이다. A～G 7명이 다음과 같이 각 호에 1명씩 투숙하고 있다고 할 때 1006호에 묵고 있는 사람은 누구인가?

1001	1002	1003	–	엘리베이터
1004	1005	1006	1007	

- B의 방 맞은편에는 D의 방이 있다.
- C의 방 양 옆으로 A, G가 묵고 있다.
- F의 양 옆에는 D, E가 묵고 있다.
- G는 엘리베이터와 가장 가깝다.

① B
② C
③ D
④ E

35. 다음과 같이 종이를 접은 후 구멍을 뚫고 펼친 뒤의 그림으로 옳은 것을 고르시오.

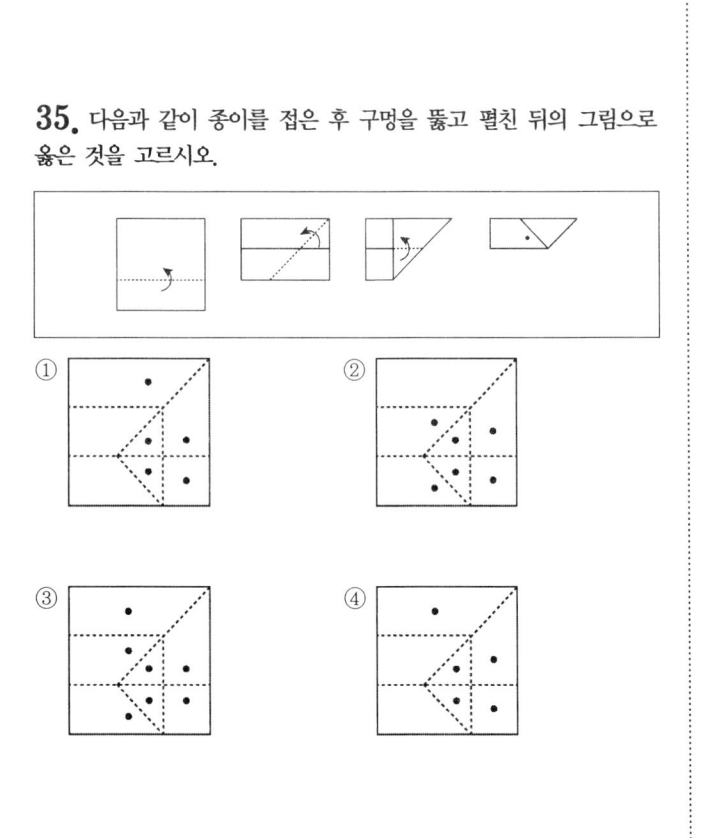

36. 다음 전개도를 접었을 때 나타나는 정육면체의 모양이 아닌 것을 고르시오.

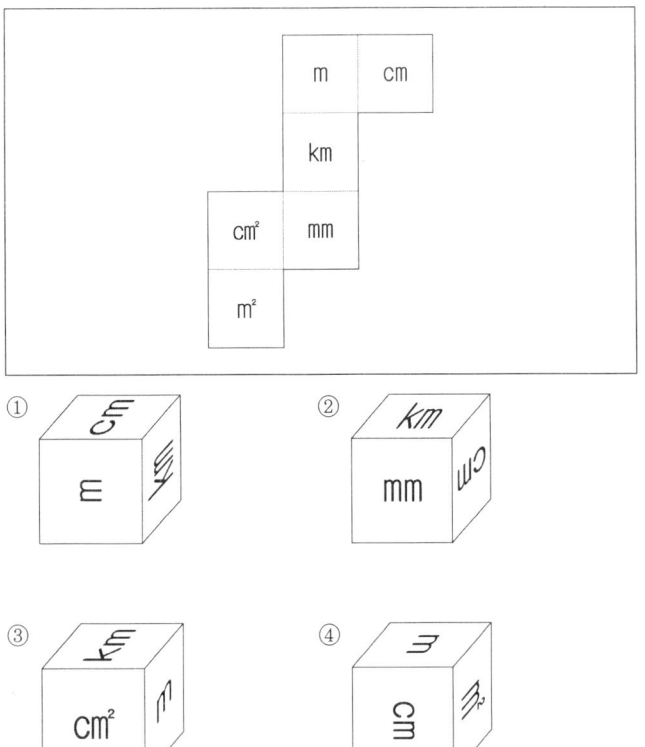

11

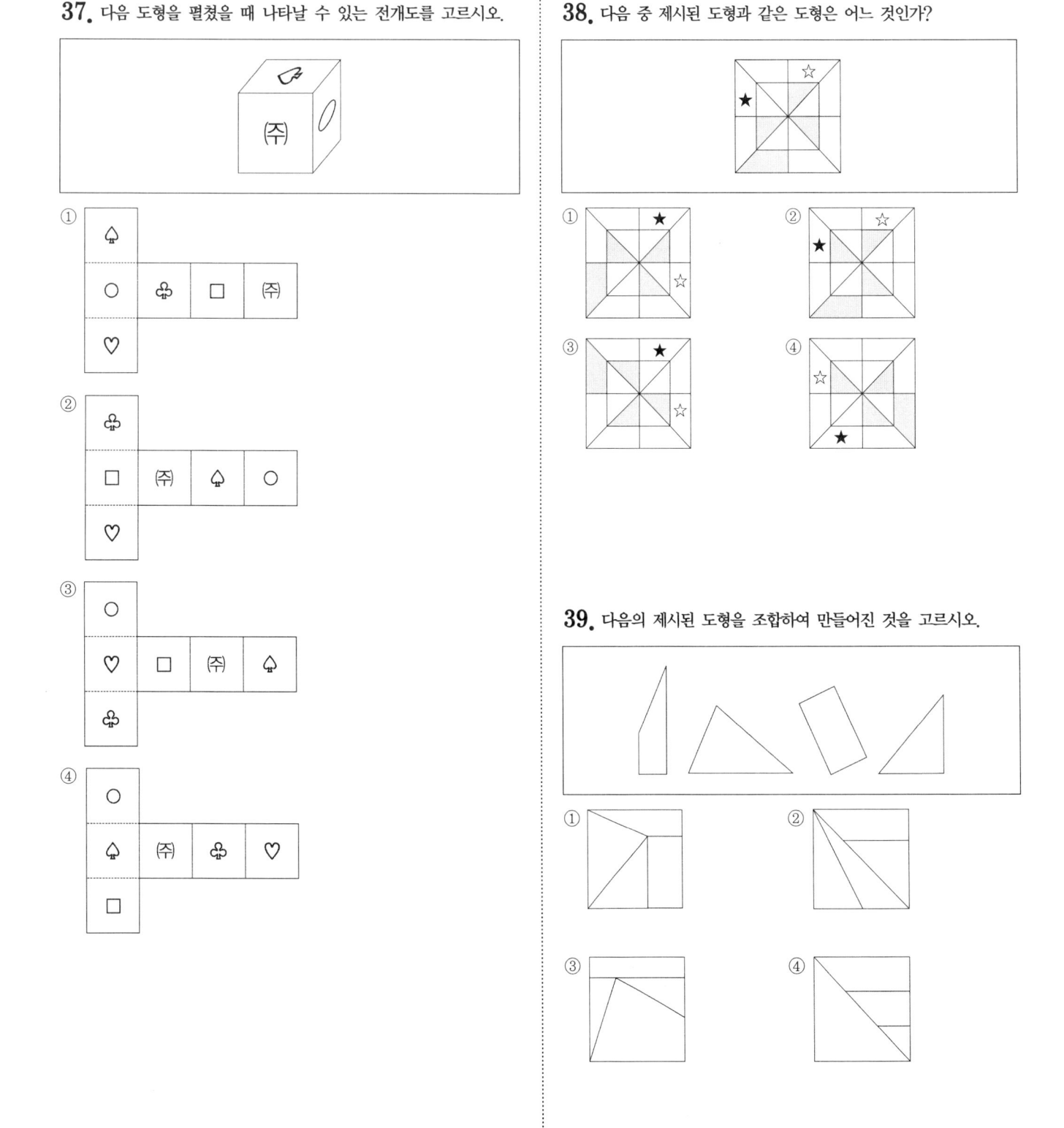

37. 다음 도형을 펼쳤을 때 나타날 수 있는 전개도를 고르시오.

38. 다음 중 제시된 도형과 같은 도형은 어느 것인가?

39. 다음의 제시된 도형을 조합하여 만들어진 것을 고르시오.

40. 아래의 기호/문자 무리 중 '가열'은 몇 번 제시되었나?

가을	가지	가구	가을	가열	가족
가열	가방	가상	가망	가치	가지
가지	가사	가방	가열	가사	가구
가구	가을	가사	가상	가구	가축
가방	가열	가망	가지	가사	가망
가족	가지	가구	가상	가망	가을

① 1개   ② 2개

③ 3개   ④ 4개

41. 아래의 기호/문자 무리에 제시되지 않은 것은?

여자	빨강	쿠키	바다	남자	책상
축구	지갑	난초	장미	농구	탄소
병원	튤립	약국	산소	발톱	벼루
전화	가위	야구	종이	버스	반지
과자	하늘	손톱	안경	신발	기차
연필	가방	파랑	육지	의자	매화

① 반지   ② 안경

③ 시계   ④ 신발

42. 다음 제시된 세 개의 단면을 참고하여 해당되는 입체도형을 고르시오.

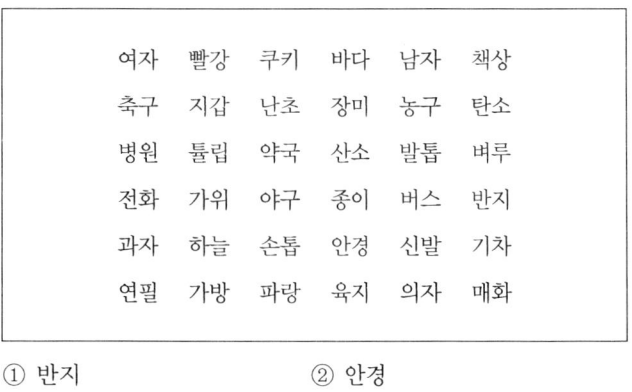

평면   정면   측면

①   ②

③   ④

43. 다음 제시된 도형을 분리하였을 때 나올 수 없는 조각은?

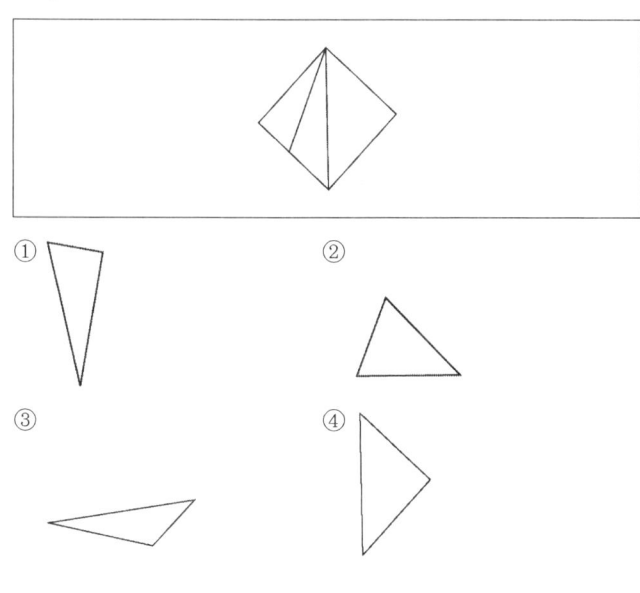

① 　　　　　　②

③ 　　　　　　④

44. 다음 입체도형에서 블록의 개수를 구하시오.

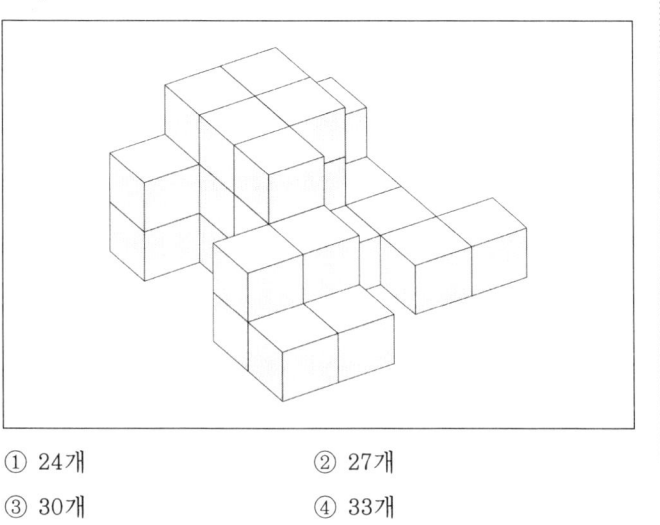

① 24개 　　　　② 27개
③ 30개 　　　　④ 33개

45. 다음 제시된 모양들이 일정한 규칙을 갖는다고 할 때 '?'에 들어갈 알맞은 모양을 고른 것은?

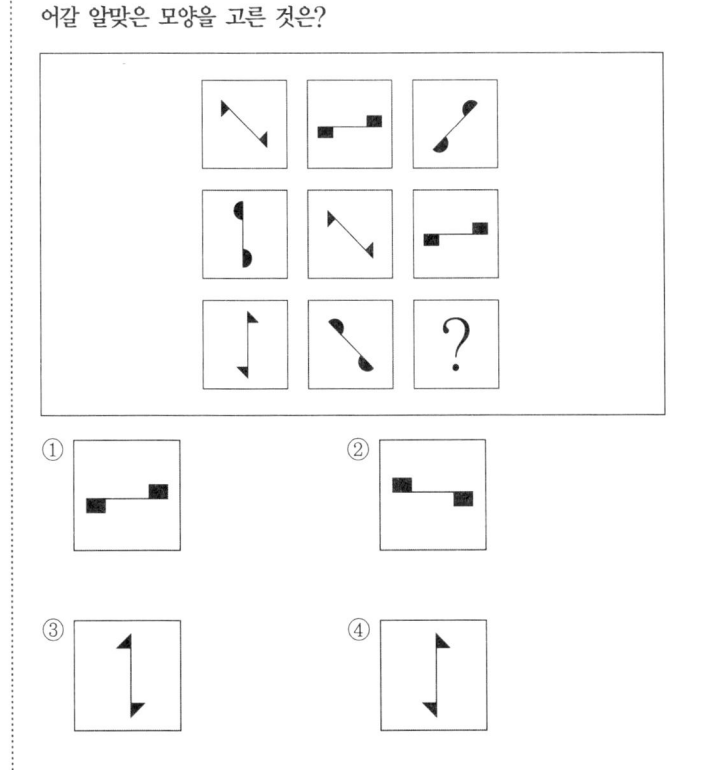

① 　　　　　　②

③ 　　　　　　④

경상북도교육청 교육공무직원 모의고사

직무능력검사

성명

문번					문번					문번				
1	①	②	③	④	21	①	②	③	④	41	①	②	③	④
2	①	②	③	④	22	①	②	③	④	42	①	②	③	④
3	①	②	③	④	23	①	②	③	④	43	①	②	③	④
4	①	②	③	④	24	①	②	③	④	44	①	②	③	④
5	①	②	③	④	25	①	②	③	④	45	①	②	③	④
6	①	②	③	④	26	①	②	③	④					
7	①	②	③	④	27	①	②	③	④					
8	①	②	③	④	28	①	②	③	④					
9	①	②	③	④	29	①	②	③	④					
10	①	②	③	④	30	①	②	③	④					
11	①	②	③	④	31	①	②	③	④					
12	①	②	③	④	32	①	②	③	④					
13	①	②	③	④	33	①	②	③	④					
14	①	②	③	④	34	①	②	③	④					
15	①	②	③	④	35	①	②	③	④					
16	①	②	③	④	36	①	②	③	④					
17	①	②	③	④	37	①	②	③	④					
18	①	②	③	④	38	①	②	③	④					
19	①	②	③	④	39	①	②	③	④					
20	①	②	③	④	40	①	②	③	④					

수험번호

⓪	⓪	⓪	⓪	⓪	⓪	⓪	⓪
①	①	①	①	①	①	①	①
②	②	②	②	②	②	②	②
③	③	③	③	③	③	③	③
④	④	④	④	④	④	④	④
⑤	⑤	⑤	⑤	⑤	⑤	⑤	⑤
⑥	⑥	⑥	⑥	⑥	⑥	⑥	⑥
⑦	⑦	⑦	⑦	⑦	⑦	⑦	⑦
⑧	⑧	⑧	⑧	⑧	⑧	⑧	⑧
⑨	⑨	⑨	⑨	⑨	⑨	⑨	⑨

절 취 선

서원각

www.goseowon.com

경상북도교육청 교육공무직원

제4회 모의고사

성명		생년월일	
문제 수(배점)	45문항	풀이시간	/ 50분
영역	직무능력검사		
비고	객관식 4지선다형		

1. 다음 빈칸에 들어갈 단어로 알맞은 것을 고르시오.

이순신 : 한산섬 달 밝은 밤에 = 이방원 : (   )

① 이 몸이 죽고 죽어

② 이런들 어떠하며 저런들 어떠하리

③ 이화에 월백하고 은한이 삼경인 제

④ 가노라 삼각산아 다시 보자 한강수야

2. 다음 의미를 나타내는 사자성어로 옳은 것을 고르시오.

훌륭한 것 뒤에 보잘것없는 것이 뒤따름

① 과전이하(瓜田梨下)　　② 구밀복검(口蜜腹劍)

③ 교각살우(矯角殺牛)　　④ 구미속초(狗尾續貂)

3. 다음에 제시된 단어들을 통해 연상되는 것을 고르시오.

화랑, 원광, 사군이충

① 세속오계　　　　　② 삼강오륜

③ 명심보감　　　　　④ 훈요10조

4. 다음 중 표준어로 옳은 것은 무엇인가?

① 으레　　　　　　② 오랫만에

③ 몇일　　　　　　④ 틈틈이

5. 다음 중 띄어쓰기가 옳지 않은 것은 무엇인가?

① 먹을만큼 먹어라.

② 나를 알아주는 사람은 너밖에 없다.

③ 북어 한 쾌를 샀다.

④ 가든지 오든지 마음대로 해라.

6. 단어의 형성법이 다른 하나는 무엇인가?

① 마소　　　　　　② 좁쌀

③ 까막까치　　　　④ 시나브로

7. 다음 보기 중 어법에 맞는 문장은?

① 시간 내에 역에 도착하려면 가능한 빨리 달려야 합니다.

② 그다지 효과적이지 않는 비판이 계속 이어지면서 회의 분위기는 급격히 안 좋아졌다.

③ 그는 그들에 뒤지지 않기 위해 끊임없는 노력을 계속하였다.

④ 부서원 대부분은 주말 근무 시간을 늘리는 것에 매우 부정적입니다.

8. 외래어 표기가 모두 옳은 것은?

① 뷔페 – 초콜렛 – 컬러

② 컨셉 – 서비스 – 윈도

③ 파이팅 – 악세사리 – 리더십

④ 플래카드 – 로봇 – 캐럴

9. 밑줄 친 부분과 같은 의미로 쓰인 것은?

> 그는 해결하기만 하면 좋은 기회가 될 수 있는 사건을 하나 <u>물어왔다</u>.

① 여자들은 그녀가 부자를 <u>물어</u> 팔자가 피었다며 속닥거렸다.

② 친구는 나에게 그 일이 어떻게 되어가고 있는지 <u>물어왔다</u>.

③ 나는 입에 음식을 <u>물고</u> 말하다가 혼이 났다.

④ 일이 잘못되어 꼼짝없이 내가 모든 돈을 <u>물어주게</u> 생겼다.

10. 다음 빈칸에 논리적으로 어울리는 접속사를 고르시오.

> 사람들은 흔히 개인이 소유한 것에 대한 독점적인 권리를 인정하는 것이 당연하다고 생각한다. 각 개인은 타고난 지적 능력, 육체적인 힘, 성격이나 외모, 상속받은 유산 등을 가지고 있다. (㉠) 이와 같은 자연적인 자산을 개인이 소유하게 된 것은 우연적이다. 이 자산을 개인이 소유하게 된 것에 대한 정당한 근거나 필연적인 이유가 존재하지 않는다. 자신의 노력을 통해서 획득한 것이 아니라는 말이다. 더구나 물려받은 부나 재산은 애당초 공동체의 사회적인 협력이나 협동으로 획득된 것이다. 다시 말해, 대대로 상속된 재산이라 하더라도 그것은 사회적 환경과 시스템 속에서 형성되고 그 가치를 인정받게 된 것이다. (㉡) 그와 같은 재산에 대한 권리는 극히 제한적이거나 아예 없다고도 말할 수 있다. 개인은 자신이 속한 사회의 물적 제도적 토대를 바탕으로, 자신의 자연적 자산을 활용하여 각종 부를 창출할 수 있다.

	㉠	㉡
①	그런데	요컨대
②	게다가	그러므로
③	그러나	따라서
④	그리고	요컨대

11. 다음 제시된 글의 논지 전개 과정으로 옳은 것을 고르시오.

> ㉠ 1990년을 넘어서면서 미술의 본질을 표현으로 보는 견해가 일반화되었다.
>
> ㉡ 결국, 미술에 있어서 '현대성'이라는 초점은 이러한 표현 문제에서 비롯되는 것으로 생각할 수 있다.
>
> ㉢ 다시 말해서 표현이 일정한 대상을 전제로 하고 있지 않다는 관점에서 이해될 수 있다.
>
> ㉣ 이러한 이해는, 화면을 자연으로 향해 열려진 창문으로 보려 했던 인상파와는 달리 보여 지는 자연과는 무관하게 화면 그 자체의 질서를 찾으려 했던 고갱의 태도와 연결된다.

① ㉠과 ㉡은 의견을 진술하고 있다.

② ㉡은 ㉠의 뒷받침 문장이다.

③ ㉢은 ㉡의 근거이다.

④ ㉣은 ㉢을 구체화한 것이다.

12. 다음의 개요 ㈎와 ㈏에 들어갈 항목으로 적절하지 않은 것은?

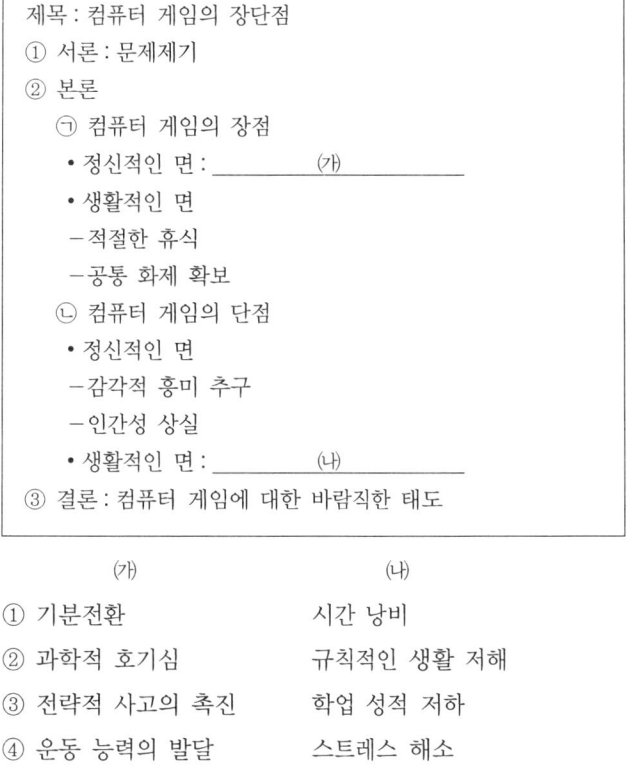

제목 : 컴퓨터 게임의 장단점
① 서론 : 문제제기
② 본론
　㉠ 컴퓨터 게임의 장점
　　• 정신적인 면 : ＿＿＿＿＿＿ ㈎
　　• 생활적인 면
　　　－적절한 휴식
　　　－공통 화제 확보
　㉡ 컴퓨터 게임의 단점
　　• 정신적인 면
　　　－감각적 흥미 추구
　　　－인간성 상실
　　• 생활적인 면 : ＿＿＿＿＿＿ ㈏
③ 결론 : 컴퓨터 게임에 대한 바람직한 태도

	㈎	㈏
①	기분전환	시간 낭비
②	과학적 호기심	규칙적인 생활 저해
③	전략적 사고의 촉진	학업 성적 저하
④	운동 능력의 발달	스트레스 해소

13. 다음 글을 순서에 맞게 배열한 것을 고르시오.

㈎ '국어의 발견' 그리고 '국민의 발견'은 「독립신문」이 독자를 바라보는 관점에서도 일관되게 나타난다. 서재필은 「독립신문」이 특정 정파에 귀속되어서는 안 되며, 정치와 개혁의 주체는 양반과 정치인들이 아니라 민중이라는 인식을 분명히 했다. 여기에 바로 당시의 상식과 정치의식을 완전히 뒤집는 획기적인 사상의 전환이 존재한다.

㈏ 그런 의미에서 「독립신문」이 국어를 발견한 것은 마틴 루터가 귀족이나 성직자의 고급언어였던 라틴어로 된 성경을 일반 평민들의 언어였던 독일어로 번역한 것과 똑같은 의미를 갖는다. 독일어의 발견이 종교개혁과 근대의 시작을 알리는 사건이었듯 「독립신문」의 한글 채택 역시 '국어의 발견', '국민의 발견' 나아가 '근대적 국가의 발견'이라고 할 만큼 획기적인 사건이었다.

㈐ 「독립신문」의 출현은 여러 가지 측면에서 조선사회에 엄청난 영향을 미쳤다. 그 단적인 예가 정치공동체를 구성하는 인적 구성 원리에 대한 태도이다. 이러한 태도는 「독립신문」이 한글전용을 택한 데서 잘 드러난다. 순 한글로 기사를 작성하고 상업광고를 게재하며 시골에 사는 평민과 여성까지 독자로 여기는 대중신문은 「독립신문」이 처음이었다.

㈑ 「독립신문」이 한글을 채택한 표면적 이유는 상하귀천을 막론하고 민중이 읽기 쉬운 신문을 만들어 민중을 계몽하기 위한 것이었다. 또한 그 당시 '야만의 언어로 전락한 한자'를 버리고 '문명의 언어인 한글'을 채택해야 한다는 사고도 한몫했다. 그러나 실질적인 이유는 모든 국민이 소통할 수 있는 하나의 언어가 존재해야 한다는 근대적 국민주의에 있었다.

① ㈎㈏㈑㈐　　② ㈐㈑㈏㈎
③ ㈎㈏㈐㈑　　④ ㈐㈑㈎㈏

3

14. 다음 글을 통해 알 수 있는 사실이 아닌 것은?

1689년에 뉴턴은 물통 실험을 통해 '절대 공간'을 상정하고 물체는 그 안에서 운동하거나 변화하지만 공간 자체는 고정되어 있어서 전혀 변하지 않으며, 영구 보편적으로 존재한다고 생각하였다. 이러한 절대 공간에 대한 질문은 뉴턴 이후 수백 년 동안 물리학자들의 입에 회자(膾炙)되어 오다가 1800년대 중반에 에른스트 마흐의 등장으로 일대 전환점을 맞이하게 된다. 그는 완전히 비어 있지는 않고 단 몇 개의 별들만이 사방에 흩어져 있는 아주 썰렁한 우주의 한 지점에서 몸을 회전시키는 실험을 통해 뉴턴의 절대 공간설에 반론을 제기한다.

마흐는 텅 빈 공간에서는 우리의 몸이 회전할 때 아무 것도 느껴지지 않는다고 한다. 반면에, 별들이 사방에 흩어져 있는 우주에서 몸을 회전시키면 팔과 다리가 몸의 바깥쪽으로 당겨진다. 이 때 회전하는 우리의 몸에 느껴지는 힘은 우리의 주변에 널려 있는 물체의 양에 비례한다는 것이다. 별이 단 하나밖에 없는 우주에서 회전한다면 아주 미미한 힘을 느낄 것이고, 똑같은 별이 두 개 있으면 그 힘도 두 배로 커지고 별의 개수가 점차 증가하여 지금의 우주와 같아지면 비로소 지금 우리가 느끼는 정도의 힘이 작용하게 된다는 것이다. 이 논리에 의하면 가속 운동을 할 때 느껴지는 힘은 우주 내의 모든 천체들이 복합적으로 작용하여 나타나는 결과인 셈이다.

물론 이 논리는 회전 운동뿐만 아니라 모든 종류의 가속 운동에도 똑같이 적용된다. 우리가 타고 있는 비행기가 이륙하면서 가속하고 있을 때, 자동차가 급정거를 했을 때, 또는 승강기가 정지 상태에서 출발했을 때 우리가 힘을 느끼는 이유는 지구를 포함하여 우주 전체에 분포되어 있는 모든 물질들이 복합적으로 작용하여 영향력을 행사하고 있기 때문이다. 만일 천체의 개수가 지금보다 많은 우주에 우리가 살고 있다면 가속 운동 시 지금보다 더 큰 힘을 느낄 것이며, 그 반대의 경우라면 지금보다 작은 힘을 느끼게 될 것이다. 아무 것도 없는 텅 빈 우주에서 가속 운동을 한다면 아무런 힘도 느끼지 못할 것이다. 그러므로 마흐의 논리에서는 오직 상대 운동과 상대적 가속 운동만이 눈에 보이는 현상을 지배하게 된다. 곧 우주 안에 존재하는 모든 물질의 평균 분포 상태에 대하여 상대적인 가속 운동을 해야만 그에 대응되는 힘을 느낄 수 있으며, 운동을 비교할 대상이나 물질이 전혀 없다면 가속 운동을 감지할 방법이 없다. 이것이 바로 마흐가 제창한 공간 이론이었다.

마흐의 이론은 지난 150여 년 동안 수많은 물리학자들의 마음을 사로잡았다. 사실, 눈에 보이지도 않고 만질 수도 없는 무형의 절대 공간에 전적으로 의지하여 운동의 개념을 정의하는 것은 다분히 위험하고 비과학적인 발상이다. 그러나 마흐의 주장을 수용했던 과학자들도 "뉴턴의 물통 실험을 설명할 만한 또 다른 논리가 존재하지는 않을까?"라는 한 가닥 의문을 완전히 떨쳐버릴 수는 없었다.

① 뉴턴은 운동 개념을 명확히 정의하기 위해 물통 실험을 시도했다.

② 마흐는 주변에 물체가 많이 있을수록 운동할 때 느껴지는 힘은 커진다고 생각했다.

③ 마흐의 우주 공간 실험은 뉴튼의 절대 공간설에 대한 반론을 제기하기 위한 것이었다.

④ 뉴턴은 우리가 운동을 할 때 비교할 대상이나 물체가 없다면 이를 느낄 수 없다고 생각했다.

15. 다음 글의 글쓰기 전략으로 적절하지 않은 것은?

언어는 배우는 아이들이 있어야 지속된다. 그러므로 성인들만 사용하는 언어가 있다면 그 언어의 운명은 어느 정도 정해진 셈이다. 언어학자들은 이런 방식으로 추리하여 인류 역사에 드리워진 비극에 대해 경고한다. 한 언어학자는 현존하는 북미 인디언 언어의 약 80%인 150개 정도가 빈사 상태에 있다고 추정한다. 알래스카와 시베리아 북부에서는 기존 언어의 90%인 40개 언어, 중앙아메리카와 남아메리카에서는 23%인 160개 언어, 오스트레일리아에서는 90%인 225개 언어, 그리고 전 세계적으로는 기존 언어의 50%인 대략 3,000개의 언어들이 소멸해 가고 있다고 한다. 사용자 수가 10만 명을 넘는 약 600개의 언어들은 비교적 안전한 상태에 있지만, 세계 언어 수의 90%에 달하는 그 밖의 언어는 21세기가 끝나기 전에 소멸할지도 모른다.

언어가 이처럼 대규모로 소멸하는 원인은 중첩적이다. 토착 언어 사용자들의 거주지가 파괴되고, 종족 말살과 동화(同化) 교육이 이루어지며, 사용 인구가 급격히 감소하는 것 외에 '문화적 신경가스'라고 불리는 전자 매체가 확산되는 것도 그 원인이 된다. 물론 우리는 소멸을 강요하는 사회적, 정치적 움직임들을 중단시키는 한편, 토착어로 된 교육 자료나 문학 작품, 텔레비전 프로그램 등을 개발함으로써 언어 소멸을 어느 정도 막을 수 있다. 나아가 소멸 위기에 처한 언어라도 20세기의 히브리 어처럼 지속적으로 공식어로 사용할 의지만 있다면 그 언어를 부활시킬 수도 있다.

합리적으로 보자면, 우리가 지구상의 모든 동물이나 식물 종들을 보존할 수 없는 것처럼 모든 언어를 보존할 수는 없으며, 어쩌면 그래서는 안 되는지도 모른다. 여기에는 도덕적이고 현실적인 문제들이 얽혀 있기 때문이다. 어떤 언어 공동체가 경제적 발전을 보장해 주는 주류 언어로 돌아설 것을 선택할 때, 그 어떤 외부 집단이 이들에게 토착 언어를 유지하도록 강요할 수 있겠는가? 또한, 한 공동체 내에서 이질적인 언어가 사용되면 사람들 사이에 심각한 분열을 초래할 수도 있다. 그러나 이러한 문제가 있더라도 전 세계 언어의 50% 이상이 빈사 상태에 있다면 이를 그저 바라볼 수만은 없다.

왜 우리는 위험에 처한 언어에 관심을 가져야 하나? 언어적 다양성은 인류가 지닌 언어 능력의 범위를 보여 준다. 언어는 인간의 역사와 지리를 담고 있으므로 한 언어가 소멸한다는 것은 역사적 문서를 소장한 도서관 하나가 통째로 불타 없어지는 것과 비슷하다. 또 언어는 한 문화에서 시, 이야기, 노래가 존재하는 기반이 되므로, 언어의 소멸이 계속되어 소수의 주류 언어만 살아남는다면 이는 인류의 문화적 다양성까지 해치는 셈이 된다.

① 실태를 생생하게 전달하기 위해 구체적인 수치를 제시하고 있다.

② 문제의 복잡성을 드러내기 위해 관점이 다른 견해도 소개하고 있다.

③ 대책의 신뢰성을 높이기 위해 권위 있는 전문가의 견해에 기대고 있다.

④ 독자의 관심을 환기하기 위해 묻고 답하는 방식으로 주장을 제시하고 있다.

16. 다음 밑줄 친 부분의 예로 삼기에 적절한 것은?

문화에 관한 논의에서 우리의 관심을 끄는 것은 문화와 문화 사이의 경계에 관한 문제이다. 사실 문화에는 지리적이든 사회적이든 명백한 경계선이 존재하지 않는다. 그럼에도 불구하고 분석적인 목적을 위하여 문화의 경계선을 지리적 경계와 사회적 경계로 나누어 보고자 한다.

지리적 경계는 지방, 대륙, 국가들의 문화를 분리한다. 문화의 경계선을 어디에 그어야 하는 것인가는 기술하고자 하는 내용과 기술의 목적에 따라 달라지지만, 이 경계선의 가장 낮은 수준에서 우리는 아마 다음과 같이 말할 수 있을 것이다. 즉 하나의 인간 집단이 규범 체계를 발전시킬 때에는 언제나 문화의 싹이 움튼다. 이런 의미에서 가족은 하나의 미시 문화 집단이라 할 수 있다. 또한 언어는 전통, 가치 개념, 사고의 형성에 절대적인 영향을 끼치는 것이기 때문에, 특히 지방간의 문화 경계에 대한 표시로서 다른 어떤 것 못지않게 유용하리라고 생각한다.

지리적 문화 영역과 마찬가지로 중요한 것은, 일정한 지역에 걸쳐 산재해 있으며, 경우에 따라서는 국가 간의 경계를 넘는 사회적 집단화이다. 그러한 집단화는 종종 하위문화라고 불린다. 원래 하위문화는 어떤 사회 체계가 가진 일반 문화로부터 연령, 인종, 지역 등의 요인에 의해 파생되어 나온 문화 형태이다.

이러한 집단화 가운데서 첫 번째로 언급될 수 있는 것이 사회 계급 집단이다. 상류 계급이나 귀족의 생활양식은 지리적으로 멀리 떨어져 있는 지역들 간의 생활양식에서 나타나는 차이만큼이나 하류 계층의 그것과 차이가 난다. 그러한 집단들은 실제로 서로 다른 말을 하고, 상이한 음식을 먹으며, 상이한 식탁 예절을 가진다. 그리고 그들은 상이한 경제 활동을 하며, 상이한 정치적 종교적 견해를 가진다. 마찬가지로 그들은 여가 선용에서도 많은 차이점을 가진다.

① '상호간'이라는 말을 북한에서는 '호상간'이라 한다.
② 서울 맹인은 "문수하오."라 하는데, 남원 맹인은 "문복하오."라 한다.
③ 1920년대에는 "이리 오너라." 하였고, 오늘날에는 "주인 계십니까?"라 한다.
④ 조선 시대에는 '밥'을 양반이 먹으면 '진지', 하인이 먹으면 '입시'라 하였다.

17. (가)와 (나)의 논지 전개 구조를 가장 잘 설명한 것은?

(가) 사회 복지 정책이 사람들의 자유를 침해(侵害)한다는 논리 가운데 하나는, 사회 복지정책 추진에 필요한 세금을 많이 낸 사람들이 이득을 적게 볼 경우, 그 차이만큼 불필요하게 개인의 자유를 제한한 것이 아니냐는 것이다. 일반적으로 사회 복지 정책이 제공하는 재화와 서비스는 공공재적 성격을 갖고 있어, 이를 이용하는 데 차별(差別)을 두지 않는다. 따라서 강제적으로 낸 세금의 액수와 그 재화의 이용을 통한 이득 사이에는 차이가 존재할 수 있고, 세금을 많이 낸 사람들이 적은 이득을 보게 될 경우, 그 차이만큼 불필요하게 그 사람의 자유를 제한하였다고 볼 수 있다.

(나) 그러나 이러한 자유의 제한은 다음과 같은 측면에서 합리화될 수 있다. 사회 복지 정책을 통해 제공하는 재화는 보편성을 가지고 있기 때문에, 사회 전체를 위해 강제적으로 제공하는 것이 개인들의 자발적인 선택의 자유에 맡겨둘 때보다 그 양과 질을 높일 수 있다. 예를 들어, 각 개인들에게 민간 부문의 의료 서비스를 사용할 수 있는 자유가 주어질 때보다 모든 사람들이 보편적인 공공 의료 서비스를 받을 수 있을 때, 의료 서비스의 양과 질은 전체적으로 높아진다. 왜냐하면, 모든 사람을 대상으로 하는 의료 서비스의 양과 질이 높아져야만 개인에게 돌아올 수 있는 서비스의 양과 질도 높아질 수 있기 때문이다. 이러한 경우 세금을 많이 낸 사람이 누릴 수 있는 소극적 자유는 줄어들지만, 사회 구성원들이 누릴 수 있는 적극적 자유의 수준은 전반적으로 높아지는 것이다.

① (가)에서 논의한 것을 (나)에서 사례를 들어 보완하고 있다.
② (가)에서 서로 대립되는 견해를 소개한 후, (나)에서 이를 절충하고 있다.
③ (가)에서 문제의 원인을 분석한 후, (나)에서 해결 방안을 모색하고 있다.
④ (가)에서 논의된 내용에 대해 (나)에서 반론의 근거를 마련하고 있다.

18. 6권의 책을 책장에 크기가 큰 것부터 차례대로 책을 배열하려고 한다. 책의 크기가 동일할 때 알파벳 순서대로 책을 넣는다면 다음 조건에 맞는 진술은 어느 것인가?

- Demian은 책장의 책들 중 두 번째로 큰 하드커버 북이다.
- One Piece와 Death Note의 책 크기는 같다.
- Bleach는 가장 작은 포켓북이다.
- Death Note는 Slam Dunk보다 작다.
- The Moon and Sixpence는 One Piece보다 크다.

① Demian은 Bleach 다음 순서에 온다.
② 책의 크기는 Slam Dunk가 The Moon and Sixpence 보다 크다.
③ One Piece는 Bleach의 바로 앞에 온다.
④ Slam Dunk 다음 순서로 Demian이 온다.

19. 다음 조건을 읽고 옳은 설명으로 고르시오.

- A, B, C, D는 어제 영화관, 야구장, 도서관, 백화점 중 각각 서로 다른 한 곳에 갔다고 한다.
- A는 어제 영화관에 갔다.
- B는 어제 야구장에 가지 않았다.
- C는 어제 도서관에 가지 않았다.
- D는 어제 도서관과 백화점에 가지 않았다.

A : C는 어제 야구장 또는 도서관에 갔다.
B : B는 어제 영화관 또는 도서관에 갔다.

① A만 옳다.
② B만 옳다.
③ A와 B 모두 옳다.
④ A와 B 모두 그르다.
⑤ A와 B 모두 옳은지 그른지 알 수 없다.

20. 다음 진술이 참이 되기 위해서 꼭 필요한 전제를 보기에서 모두 고르시오.

가이드는 신뢰할 수 있는 사람이다.

〈보기〉
㉠ 가이드는 많은 정보를 알고 있다.
㉡ 가이드는 관광객들을 이끈다.
㉢ 가이드는 누구에게나 친절하다.
㉣ 고민이 많은 사람은 성공과 실패를 할 수 있는 사람이다.
㉤ 많은 정보를 알고 있는 사람은 신뢰할 수 있는 사람이다.
㉥ 독서를 많이 하는 사람은 다양한 어휘를 사용할 수 있는 사람이다.

① ㉠㉣
② ㉠㉤
③ ㉡㉣
④ ㉡㉤

21. 일등 병원에는 갑, 을, 병, 정 네 사람의 의사가 일하고 있다. 이들이 어느 날 진행한 수술과 관련하여 다음과 같은 정보가 알려져 있다. 다음 중 반드시 참이라고 볼 수 없는 것은?

> • 갑, 을, 병, 정은 적어도 1건 이상의 수술을 하였다.
> • 2명 이상의 의사가 함께 한 수술은 없었다.
> • 네 의사들이 진행한 수술은 총 10건이었다.
> • 어떤 두 의사의 수술 건수도 3건 이상 차이가 나지는 않는다.

① 갑, 을, 병, 정 중 두 명이 각각 1건씩 수술을 하지는 않았다.

② 갑이 4건의 수술을 진행하였다면 을, 병, 정은 각각 2건씩 수술을 진행하였다.

③ 을과 병이 각각 3건의 수술을 진행하였다면, 갑과 정은 각각 2건씩 수술을 진행하였다.

④ 정이 1건의 수술을 진행하였다면, 나머지 의사들은 각각 3건씩 수술을 진행하였다.

22. A회사의 건물에는 1층에서 4층 사이에 5개의 부서가 있다. 다음 조건에 일치하는 것은?

> • 영업부와 기획부는 복사기를 같이 쓴다.
> • 3층에는 경리부가 있다.
> • 인사부는 홍보부의 바로 아래층에 있다.
> • 홍보부는 영업부의 아래쪽에 있으며 2층의 복사기를 쓰고 있다.
> • 경리부는 위층의 복사기를 쓰고 있다.

① 영업부는 기획부와 같은 층에 있다.

② 경리부는 4층의 복사기를 쓰고 있다.

③ 인사부는 2층의 복사기를 쓰고 있다

④ 기획부는 4층에 있다.

23. 다음을 읽고 추리한 것으로 옳은 것은?

> ㉠ 어떤 회사의 사원 평가 결과 모든 사원이 최우수, 우수, 보통 중 한 등급으로 분류되었다.
> ㉡ 최우수에 속한 사원은 모두 45세 이상 이었다.
> ㉢ 35세 이상의 사원은 '우수'에 속하거나 자녀를 두고 있지 않았다.
> ㉣ 우수에 속한 사원은 아무도 이직경력이 없다.
> ㉤ 보통에 속한 사원은 모두 대출을 받고 있으며, 무주택자인 사원 중에는 대출을 받고 있는 사람이 없다.
> ㉥ 이 회사의 직원 A는 자녀가 있으며 이직경력이 있는 사원이다.

① A는 35세 미만이고 무주택자이다.

② A는 35세 이상이고 무주택자이다.

③ A는 35세 미만이고 주택을 소유하고 있다.

④ A는 45세 미만이고 무주택자이다.

24. 다음의 내용이 모두 참일 때, 결론이 타당하기 위해서 추가로 필요한 진술은?

> ㉠ 자동차는 1번 도로를 지나왔다면 이 자동차는 A마을에서 왔거나 B마을에서 왔다.
> ㉡ 자동차가 A마을에서 왔다면 자동차 밑바닥에 흙탕물이 튀었을 것이다.
> ㉢ 자동차가 A마을에서 왔다면 자동차의 모습을 담은 폐쇄회로 카메라가 적어도 하나가 있을 것이다.
> ㉣ 자동차가 B마을에서 왔다면 도로 정체를 만났을 것이고 적어도 한 곳의 검문소를 통과했을 것이다.
> ㉤ 자동차가 도로정체를 만났다면 자동차의 모습을 닮은 폐쇄회로 카메라가 적어도 하나가 있을 것이다.
> ㉥ 자동차가 적어도 검문소 한 곳을 통과했다면 자동차 밑바닥에 흙탕물이 튀었을 것이다.
> ∴ 따라서 자동차는 1번 도로를 지나오지 않았다.

① 자동차 밑바닥에 흙탕물이 튀었을 것이다.

② 자동차는 도로 정체를 만나지 않았을 것이다.

③ 자동차 모습을 담은 폐쇄회로 카메라는 하나도 없을 것이다.

④ 자동차는 검문소를 한 곳도 통과하지 않았을 것이다.

25. 경찰서에 목격자 세 사람이 범인에 관하여 다음과 같이 진술하였다. 경찰에서는 이미 이 사건이 한 사람의 단독 범행인 것을 알고 있었다. 그리고 한 진술은 거짓이고, 나머지 진술은 참이라는 것이 나중에 밝혀졌다. 안타깝게도 어느 진술이 거짓인지는 밝혀지지 않았다. 다음 중 반드시 거짓인 것은?

> • 영희가 범인이거나 순이가 범인이다.
> • 순이가 범인이거나 보미가 범인이다.
> • 영희가 범인이 아니거나 또는 보미가 범인이 아니다.

① 영희가 범인이다.

② 순이가 범인이다.

③ 보미가 범인이다.

④ 보미는 범인이 아니다.

26. 서로 성이 다른 3명의 야구선수(김씨, 박씨, 서씨)의 이름은 정덕, 선호, 대은이고, 이들이 맡은 야구팀의 포지션은 1루수, 2루수, 3루수이다. 그리고 이들의 나이는 18세, 21세, 24세이고, 다음과 같은 사실이 알려져 있다. 다음 중 성씨, 이름, 포지션, 나이가 제대로 짝지어진 것은?

> • 2루수는 대은보다 타율이 높고 대은은 김씨 성의 선수보다 타율이 높다.
> • 1루수는 박씨 성의 선수보다 어리나 대은보다는 나이가 많다.
> • 선호와 김씨 성의 선수는 어제 경기가 끝나고 같이 영화를 보러 갔다.

① 김 – 정덕 – 1루수 – 18세

② 박 – 선호 – 3루수 – 24세

③ 서 – 대은 – 3루수 – 18세

④ 박 – 정덕 – 2루수 – 24세

▌27~28 ▌ 다음에 나열된 숫자의 규칙을 찾아 빈칸에 들어가기 적절한 수를 고르시오.

27.

13 17 20 10 27 3 ( ) −4

① 38 　　　　② 34

③ 30 　　　　④ 26

28.

3 5 8 13 21 34 ( ) 89

① 45 　　　　② 55

③ 65 　　　　④ 75

29. 아래와 같은 형태의 마방진에 5부터 13까지 아홉 개의 자연수를 넣으려고 한다. 단, 대각선상에 위치한 세 수의 합이 모두 일치하여야 한다(a + e + i = b + e + h = c + e + g = d + e + f)고 할 때, e에 들어갈 수 없는 숫자는?

a	b	c
d	e	f
g	h	i

① 5 　　　　② 7

③ 9 　　　　④ 13

30. 연속된 두 정수의 합이 29일 때, 이 두 수의 곱은?

① 110 　　　　② 210

③ 310 　　　　④ 410

31. 4%의 소금물 200g에 7%의 소금물을 섞어서 5%의 소금물을 만들려고 한다. 이때 7%의 소금물 몇 g을 넣어야 하는가?

① 100g 　　　　② 110g

③ 120g 　　　　④ 130g

32. 다음은 여성권한척도의 국가순위와 지표 및 1인당 GDP에 대한 4개국의 자료이다. 이에 대한 설명으로 옳은 것은?

〈표〉 국가별 여성권한척도

구분	여성권한 척도 국가순위	국회의원 여성비율(%)	입법 및 행정관리직 여성비율(%)	전문기술직 여성비율(%)	남성대비 여성 추적소득비	1인당 GDP 국가순위
한국	59	13.0	6	39	0.48	34
일본	43	9.3	10	46	0.46	13
미국	10	14.8	46	55	0.62	4
필리핀	46	15.4	58	62	0.59	103

① 한국은 4개국 중 1인당 GDP 국가순위와 여성권한척도 국가순위의 차이가 가장 큰 국가이다.

② 4개국을 보면 1인당 GDP가 높을수록 여성권한척도 국가순위는 낮음을 알 수 있다.

③ 한국여성과 미국여성의 소득격차가 일본여성과 필리핀여성의 소득격차보다 크다.

④ 필리핀은 4개국 중 1인당 GDP 국가순위보다 여성권한척도 국가순위가 높은 유일한 국가이다.

33. 다음은 새해 토정비결과 궁합에 관하여 사람들의 믿는 정도를 조사한 결과이다. 둘 다 가장 믿을 확률이 높은 사람들은?

대상	구분	토정비결(%)	궁합(%)
나이별	20대	30.5	35.7
	30대	33.2	36.2
	40대	45.9	50.3
	50대	52.5	61.9
	60대	50.3	60.2
학력별	초등학교 졸업	81.2	83.2
	중학교 졸업	81.1	83.3
	고등학교 졸업	52.4	51.6
	대학교 졸업	32.3	30.3
	대학원 졸업	27.5	26.2
성별	남자	45.2	39.7
	여자	62.3	69.5

① 초등학교 졸업 학력의 60대 여성

② 중학교 졸업 학력의 50대 여성

③ 고등학교 졸업 학력의 40대 남성

④ 대학교 졸업 학력의 30대 남성

34. 다음은 예식장 사업형태에 대한 자료이다. 자료에 대한 설명으로 옳지 않은 것은?

구분	개인경영	회사법인	회사 이외의 법인	비법인 단체	합계
사업체수 (개)	1,160	50	91	9	1,310
매출 (백 만)	238,000	43,000	10,000	800	291,800
비용 (백 만)	124,000	26,000	5,500	400	155,900
면적 (km²)	1,253,000	155,000	54,000	3,500	1,465,500

① 예식장 사업비용은 매출액의 50% 이상이다.

② 예식장 사업은 대부분 개인경영의 형태로 이루어지고 있다.

③ 사업체당 매출액이 평균적으로 제일 큰 것은 회사법인 예식장이다.

④ 사업체당 면적의 크기는 회사법인보다 회사 이외의 법인이 더 크다.

35. 어느 통신회사가 A, B, C, D, E 5개 건물을 전화선으로 연결하려고 한다. 여기서 A와 B가 연결되고, B와 C가 연결되면 A와 C도 연결된 것으로 간주한다. 다음은 두 건물을 전화선으로 직접 연결하는 데 드는 비용을 나타낸 것이다. A, B, C, D, E를 모두 연결하는 데 드는 비용은 얼마인가?

(단위 : 억 원)

	A	B	C	D	E
A		10	8	7	9
B	10		5	7	8
C	8	5		4	6
D	7	7	4		4
E	9	8	6	4	

① 19억 원 ② 20억 원

③ 21억 원 ④ 24억 원

36. 다음 전개도를 접었을 때 나타나는 도형으로 알맞은 것을 고르시오.

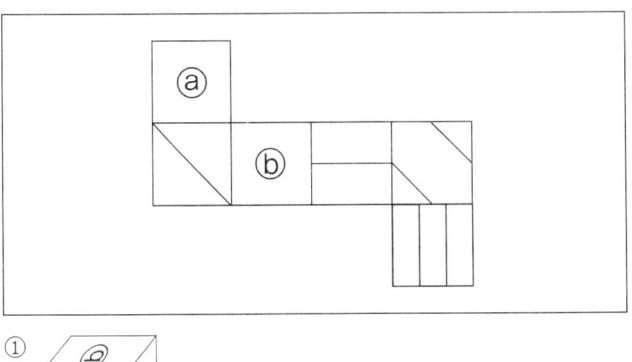

①

②

③

④

37. 다음 도형을 펼쳤을 때 나타날 수 있는 전개도를 고르시오.

38. 다음에 제시된 두 도형을 결합하였을 때, 만들 수 있는 형태가 아닌 것은?

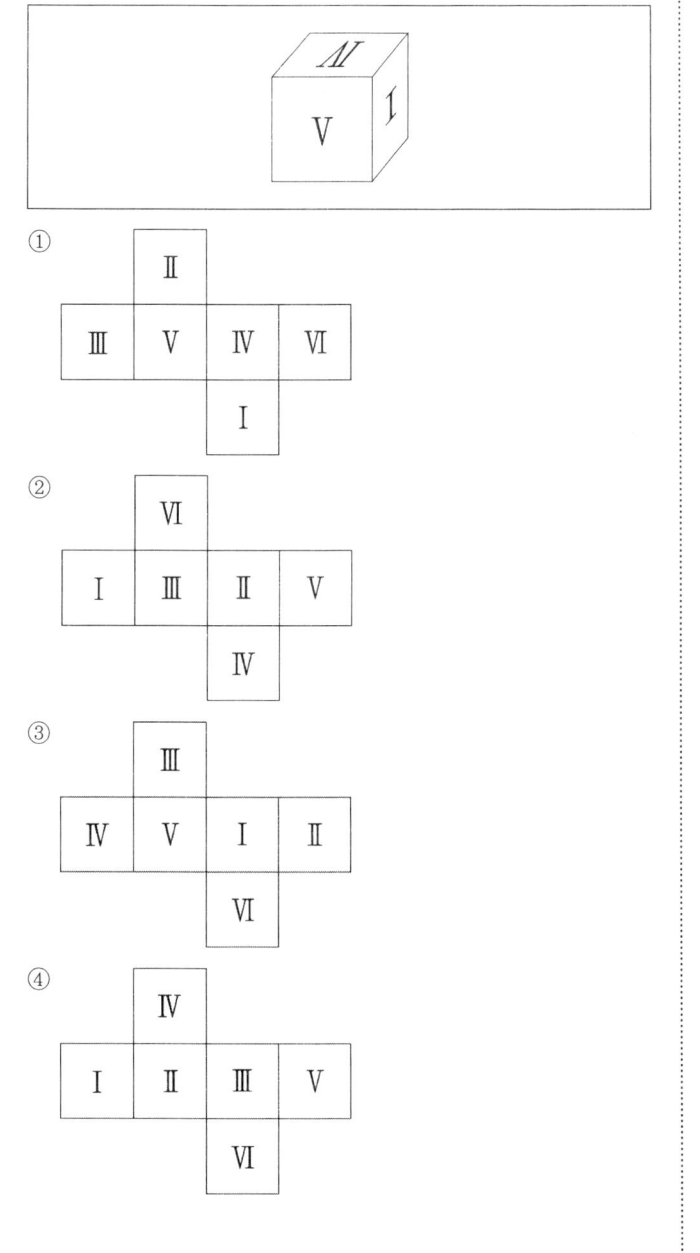

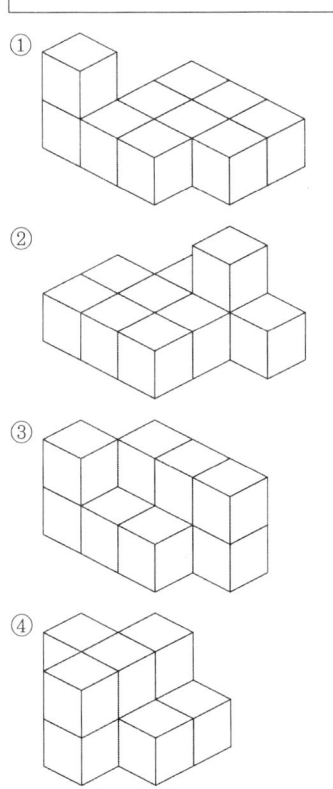

39. 다음 제시된 지문에 없는 숫자를 고르시오.

101101	111110	111011	11010	101011	110001
1101011	1101010	1110011	1010001	1110001	1010101
10101110	10101111	10111011	10101011	10101010	0110011

① 1101010

② 111011

③ 10101011

④ 110110

40. 제시된 도형을 화살표 방향으로 접은 후 구멍을 뚫은 다음 다시 펼쳤을 때의 그림을 고르시오.

① ② ③ ④

41. 다음 도형들의 변화 규칙을 찾아 빈칸에 알맞은 도형을 찾으시오.

① ② ③ ④

42. 다음 빈칸에 들어갈 도형을 고르시오.

① ② ③ ④

14

43. 다음 그림의 주어진 부분도를 보고 알맞은 입체도형을 고르시오.

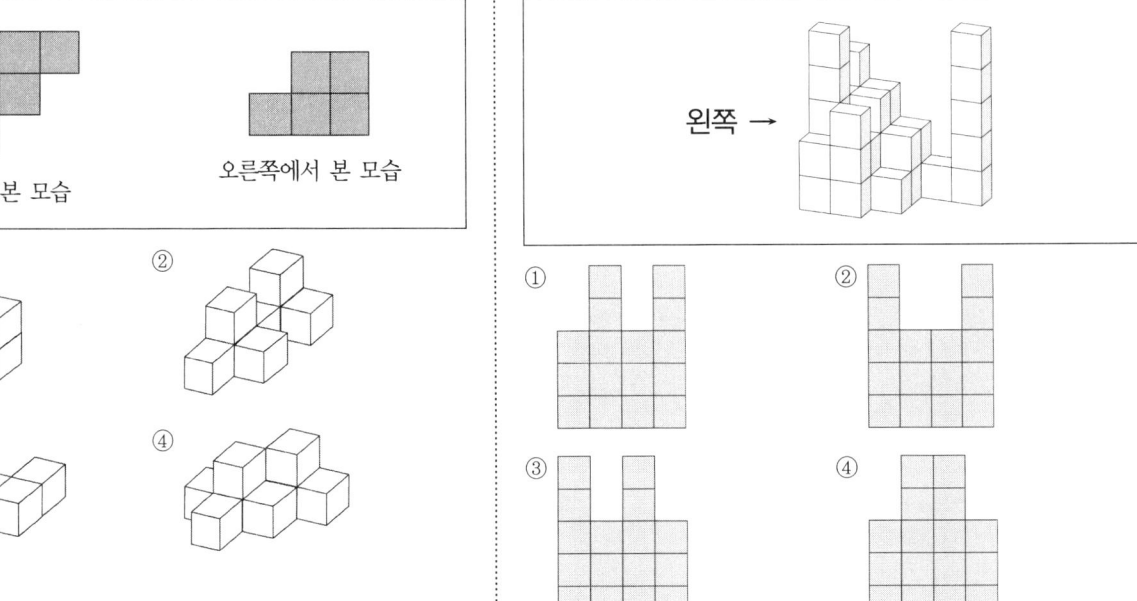

위에서 본 모습

오른쪽에서 본 모습

① ② ③ ④

44. 다음 아래에 제시된 블록들을 화살표 표시한 방향에서 바라봤을 때의 모양으로 알맞은 것을 고르시오.

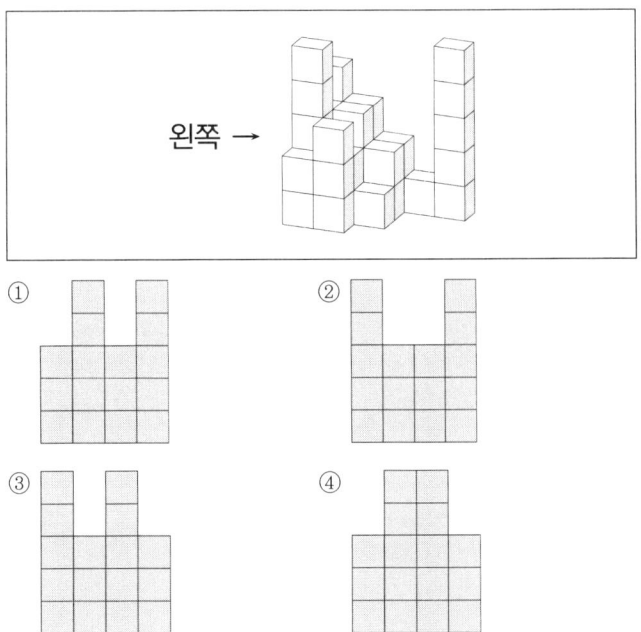

왼쪽 →

① ② ③ ④

45. 다음 아래에 제시된 그림과 같이 쌓기 위해 필요한 블록의 수를 고르시오.

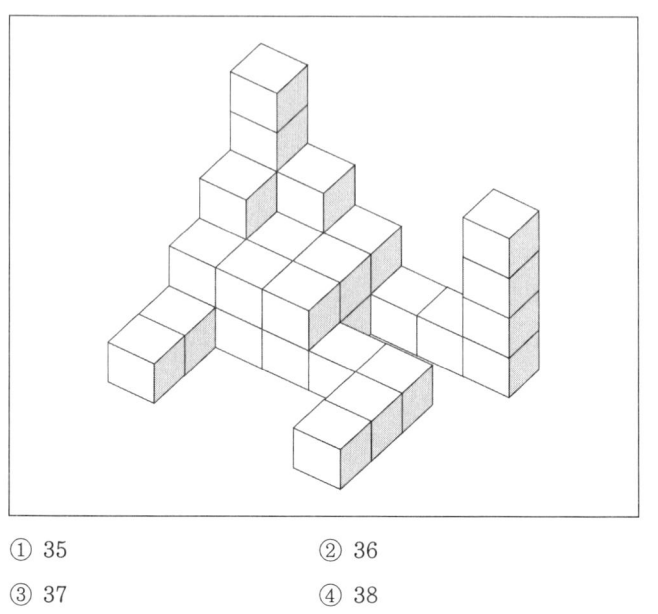

① 35

② 36

③ 37

④ 38

경상북도교육청 교육공무직원 모의고사

성명

수험번호								
◯	◯	◯	◯	◯	◯	◯	◯	
①	①	①	①	①	①	①	①	
②	②	②	②	②	②	②	②	
③	③	③	③	③	③	③	③	
④	④	④	④	④	④	④	④	
⑤	⑤	⑤	⑤	⑤	⑤	⑤	⑤	
⑥	⑥	⑥	⑥	⑥	⑥	⑥	⑥	
⑦	⑦	⑦	⑦	⑦	⑦	⑦	⑦	
⑧	⑧	⑧	⑧	⑧	⑧	⑧	⑧	
⑨	⑨	⑨	⑨	⑨	⑨	⑨	⑨	

직무능력검사

문항					문항					문항				
1	①	②	③	④	21	①	②	③	④	41	①	②	③	④
2	①	②	③	④	22	①	②	③	④	42	①	②	③	④
3	①	②	③	④	23	①	②	③	④	43	①	②	③	④
4	①	②	③	④	24	①	②	③	④	44	①	②	③	④
5	①	②	③	④	25	①	②	③	④	45	①	②	③	④
6	①	②	③	④	26	①	②	③	④					
7	①	②	③	④	27	①	②	③	④					
8	①	②	③	④	28	①	②	③	④					
9	①	②	③	④	29	①	②	③	④					
10	①	②	③	④	30	①	②	③	④					
11	①	②	③	④	31	①	②	③	④					
12	①	②	③	④	32	①	②	③	④					
13	①	②	③	④	33	①	②	③	④					
14	①	②	③	④	34	①	②	③	④					
15	①	②	③	④	35	①	②	③	④					
16	①	②	③	④	36	①	②	③	④					
17	①	②	③	④	37	①	②	③	④					
18	①	②	③	④	38	①	②	③	④					
19	①	②	③	④	39	①	②	③	④					
20	①	②	③	④	40	①	②	③	④					

절 취 선

경상북도교육청 교육공무직원

제5회 모의고사

성명		생년월일	
문제 수(배점)	45문항	풀이시간	/ 50분
영역	직무능력검사		
비고	객관식 4지선다형		

1. 다음 빈칸에 들어갈 단어로 알맞은 것을 고르시오.

> 이집트 : 스핑크스 = 이탈리아 : (   )

① 오페라 하우스　　　② 파르테논 신전

③ 타지마할　　　　　④ 피사의 사탑

2. 다음 중 띄어쓰기가 옳지 않은 것은 무엇인가?

① <u>사과는 커녕</u> 오히려 화를 내다니.

② <u>아빠뿐만 아니라</u> 엄마도 그래.

③ 버스가 끊겨 <u>걸어갈 수밖에</u> 없었다.

④ 그 친구는 말로만 <u>큰소리친다</u>.

3. 밑줄 친 부분이 어법에 맞게 표기된 것은?

① 박 사장은 자기 돈이 어떻게 <u>쓰여지는 지</u>도 몰랐다.

② 그녀는 조금만 <u>추어올리면</u> 기고만장해진다.

③ <u>나룻터</u>는 이미 사람들로 가득 차 있었다.

④ 우리들은 <u>서슴치</u> 않고 차에 올랐다.

4. 다음에 제시된 단어들을 통해 연상되는 것을 고르시오.

> 곽망풍, 된바람, 삭풍, 호풍

① 동풍(東風)　　　　② 서풍(西風)

③ 남풍(南風)　　　　④ 북풍(北風)

5. 밑줄 친 단어의 맞춤법이 옳은 것은?

① 그대와의 추억이 <u>있으매</u> 저는 행복하게 살아갑니다.

② 신제품을 <u>선뵀어도</u> 매출에는 큰 영향이 없을 거예요.

③ 생각지 못한 일이 자꾸 생기니 그때의 상황이 참 <u>야속터 군요.</u>

④ 그 발가숭이 몸뚱이가 위로 번쩍 쳐들렸다가 물속에 텀벙 <u>쳐박히는</u> 순간이었습니다.

6. 다음 빈칸에 논리적으로 어울리는 접속사를 고르시오.

도착 간격이나 서비스 시간 등 시스템의 운용 상태를 결정하는 요소들이 일정한 값을 가지면, 시스템은 일정한 상태로 운용된다. 하지만 실제로 이러한 요소들은 확정적인 값이 아니라 대부분 불규칙하게 변하는 확률적인 값의 형태를 취한다. 이 때 큐잉 이론에서는 통계적 방법을 적용하는데, 서비스 시간과 객체의 도착 간격을 실제 상황과 유사하도록 시간에 대한 확률 분포로 나타내며, 우선 그 평균값이 시스템 분석에 사용된다. 이 경우 산출된 서버의 작업률 역시 시간에 대한 평균값이 되므로 특정 시점의 작업률은 어떤 범위에 속한 하나의 값일 뿐이다. (㉠) 작업률에 영향을 미치는 요인을 기술하는 확률 분포의 범위 내에서 어떤 값이 적용되느냐에 따라 작업률의 값은 달라질 수 있다. (㉡) 서비스 시간이 아주 짧아지거나 도착 간격이 아주 커지는 경우, 산출되는 작업률은 현저히 낮아질 것이다.

	㉠	㉡
①	따라서	예를 들어
②	하지만	그러나
③	그러나	그런데
④	그러므로	왜냐하면

7. 다음 제시된 글의 논리적 구조를 도식화한 것으로 옳은 것을 고르시오.

㉠ 역사는 어느 시대, 어느 상황에 있어서도 삶과 동떨어진 가치란 존재하기 어렵다는 사실을 우리에게 일깨워 주고 있다.

㉡ 따라서 작가는 현실에 대한 바른 안목으로 그 안에 용해되어 있는 삶의 모습들을 예술적으로 형상화하는 데 부단한 노력을 해야 한다.

㉢ 현실적 상황이 제시하고 만들어내는 여러 요소들을 깊이 있게 통찰하고, 이를 진지한 안목에서 분석하여 의미를 부여할 때, 문학은 그 존재가치가 더욱 빛나는 것이다.

㉣ 그뿐만 아니라, 문학의 궁극적인 목적이 인간성을 구현하는 데 있는 것이라면, 이를 효과적으로 드러낼 수 있는 현실의 가능성을 찾아내고, 거기에 사람의 옷을 입혀 살아 숨 쉬게 하는 작업이 필요하다.

㉤ 그런 면에서, 문학은 삶을 새롭게 하고, 의미를 부여하며, 그 삶의 현실을 재창조하는 작업이라 할 수 있다.

① ㉠ → ㉡ + ㉢ + ㉣ → ㉤

② ㉠ → ㉡ + ㉢ → ㉣ → ㉤

③ ㉠ + ㉡ → ㉢ + ㉣ → ㉤

④ ㉠ + ㉡ → ㉢ + ㉣ + ㉤

8. 다음 글을 이해한 것으로 옳지 않은 것은?

생물학자 갑은 진화의 점진적 변화를 강조하는 전통적 다윈주의에 반기를 들고 진화가 비약적으로 일어날 수 있다는 주장을 펼쳤다. 진화는 일정한 속도로 달리는 운동이 아니라 도움닫기, 점프, 멀리뛰기 등의 다양한 운동으로 구성된 것과 같다.

그는 진화가 진보라는 생각을 비판한다. 복잡성이 증가하는 방향으로만 진화가 일어나는 것은 아니라는 것이다. 그는 생명체의 역사에서 우발적 요인들이 얼마나 중요한지를 역설한다. 시간이 흐를수록 점점 복잡한 구조의 생명체들이 등장한 것은 사실이다. 하지만 복잡한 구조의 생명체임에도 불구하고 멸종해 버린 생명체도 얼마든지 찾을 수 있다. 그런 의미에서 갑은 지구의 주인이 역설적으로 박테리아라고 말한다. 박테리아는 단순한 생명체이지만 40억 년의 지구 역사와 그 험난한 환경 변화 속에서도 끊임없이 진화하여 적응하고, 양적으로도 최고의 자리를 변함없이 지킨 생명체이기 때문이다.

갑은 6,500만 년 전에 소행성이 지구를 덮친 사건이 다른 시각에 일어났다면 공룡은 멸종하지 않았을지 모르며, 포유류의 시대도 열리지 않았거나 좀 더 늦게 열렸을 것이라고 말한다. 이런 맥락에서 그는 지구를 다시 초기 상태로 돌려놓고 시간을 흐르게 한다면 그 사이에 확률에 의한 선택 과정의 개입과 같은 이유 때문에 어쩌면 인류와 같은 존재도 없었을 수 있고, 지금과는 전혀 다른 생물군이 나왔을 수도 있다고 주장한다.

① 갑은 기념비적인 사건에 대한 집착이 진화에 대한 연구를 편협하게 만든다고 생각한다.

② 갑은 6,500만 년 전에 소행성이 지구를 덮친 사건이 다른 시각에 일어났다면 포유류의 시대도 열리지 않았거나 좀 더 늦게 열렸을 것이라고 말한다.

③ 갑은 지구의 주인이 역설적으로 박테리아라고 말한다.

④ 갑은 진화가 점진적이 아닌 비약적으로 일어날 수 있다는 주장한다.

9. 다음 중 ㉠에 들어갈 말로 알맞은 것은?

우리 몸에 작용하는 효소는 수천 가지가 넘으며, 이들 효소는 세포 밖에서 소화에 관여하기도 하고 세포 속에서 일어나는 물질 대사 과정에 작용하기도 한다. 한 물질이 다른 물질로 바뀌는 과정에는 고유한 효소가 있어야 하며, 각 과정에 작용하는 효소는 자기가 맡은 일만 하고 절대로 남의 일에 간섭하지 않는 특성이 있다. 예를 들어 단백질 분해에 관여하는 효소의 하나인 펩신은 아미노산의 펩티드 결합 중에서 트립토판과 알라닌 사이의 결합만 자르고, 트립신이라는 효소는 라이신과 발린 사이의 펩티드 결합만을 자른다.

효소의 또 다른 특성은 고효율성 촉매제라는 것이다. 촉매는 자기 자신은 반응 과정에서 소비되지 않으면서 반응 속도를 촉진시키는 역할을 한다. 생물체 내의 화학 반응이 일어나기 위해서는 에너지의 공급이 필요한데, 이 에너지를 활성화 에너지라 한다. 활성화 에너지는 반응 물질을 구성하는 원자와 원자 사이의 결합을 끊어 새로운 결합이 생기도록 하는 데 필요하다. 효소는 촉매와 마찬가지로 활성화 에너지를 감소시켜 반응을 촉진시킨다. 생물체의 모든 화학 반응은 에너지를 소모시키게 마련이며, 효소는 그 과정에 촉매제로 작용함으로써 에너지의 효율을 높이는 데 기여하는 것이다.

이러한 효소는 사람만의 전유물이 아니다. 모든 생물의 물질 대사에는 효소가 관여하며, 효소가 없으면 생물은 살지 못한다. 세균이 음식을 부패시킬 수 있는 것도 가수 분해 효소 때문이고, 효모가 술을 만드는 것도 효소의 작용 때문이다. 특히 효모에는 사람이 갖고 있는 탄수화물 분해 효소의 대부분이 있어 녹말을 이당류와 단당류로 분해하고, 단당류인 포도당을 다시 알코올로 분해하여 술을 만들며, 사람들이 그것을 마시면 곧바로 에너지를 내게 한다.

일반적으로 효소가 작용하는 물질을 기질이라 하는데, 하나의 기질에는 그것에만 반응하는 특이한 효소가 정해져 있어 동화·이화 작용을 하게 된다. 기질과 효소 사이의 이러한 관계는 흔히 (㉠)로 비유되는데, 이는 기질 작용 부위의 구조와 효소의 구조가 서로 맞아야만 반응이 일어나기 때문이다.

효소는 한 물질에만 반응하는 기질 특이성 이외에 농도, pH, 온도에 따라 다르게 반응을 하며, 효소의 종류에 따라 최적 조건도 다르다.

① 자물쇠와 열쇠 　　② 책상과 의자

③ 화물차와 승용차 　　④ 컴퓨터와 프린트기

10. 다음 글의 내용과 거리가 먼 것은?

2007년 발생한 교통사고를 분석한 결과, 후진국형 교통사고인 보행 중 사고로 인한 사망자 수가 전체 교통사고 사망자 수의 37.4%를 차지하였다. 이는 OECD 국가 평균인 16.6%보다 2배 이상 높은 수치이다. 이에 경찰은 3년간 무단 횡단 사고 다발 지역 542개소를 선정하여 보행자 중심 교통안전 대책을 수립하여 시행하였다. 그 결과 2008년 2,137명이 보행 중 사고로 사망하여 2007년에 비해 7.3%가 감소하였는데, 이는 전체 교통사고 사망자 중 36.4%에 해당하는 것이다.
한편 2008년도 어린이 교통사고는 17,874건 발생하고 161명이 사망하여, 발생률은 전년 대비 2.9% 감소하고 사망자 수는 20.3%가 감소하였으나, 아직도 선진국에 비하면 사고율이 매우 높은 수준이다.

① 전체 교통사고 사망자 중 보행 중 사망자가 차지하는 비율은 OECD 국가 평균보다 높다.
② 2008년 어린이 교통사고의 발생 건수 대비 사망률은 1% 미만으로 나타났다.
③ 2007년 대비 2008년 보행 중 사망자 수 감소율은 10%를 넘는다.
④ 2008년 어린이 교통사고 발생률은 2007년보다 감소하였다.

11. 밑줄 친 부분의 근거로 제시하기에 적절하지 않은 것은?

개들은 다양한 몸짓으로 자신의 뜻을 나타낸다. 주인과 장난을 칠 때는 눈맞춤을 하면서 귀를 세운다. 꼬리를 두 다리 사이에 집어넣고 시선을 피하면서 몸을 낮출 때는 항복했다는 신호이다. 매를 맞아 죽는 개들은 슬픈 비명을 지른다. 요컨대 개들도 사람처럼 감정을 느끼는 능력을 가지고 있는 것 같다. 그렇다면 동물들도 과연 사람과 같은 감정을 지니고 있을까? 사람이 정서를 느끼는 유일한 동물이라고 생각하는 생물학자들은 동물이 감정을 가지고 있다는 주장에 동의하기를 주저했다. 그러나 최근에 와서 그들의 입장에 변화가 일어나고 있다. 동물 행동학과 신경 생물학 연구에서 동물도 사람처럼 감정을 느낄 수 있다는 증거가 속출하고 있기 때문이다.
동물의 감정은 1차 감정과 2차 감정으로 나뉜다. 1차 감정이 본능적인 것이라면 2차 감정은 다소간 의식적인 정보 처리가 요구되는 것이다. 대표적인 1차 감정은 공포감이다. 공포감은 생존 기회를 증대시키므로 모든 동물이 타고난다. 예컨대 거위는 포식자에게 한 번도 노출된 적이 없는 새끼일지라도 머리 위로 독수리를 닮은 모양새만 지나가도 질겁하고 도망친다. 한편 2차 감정은 기쁨, 슬픔, 사랑처럼 일종의 의식적인 사고가 개입되는 감정이다. 동물이 사람처럼 감정을 가지고 있는지에 대해 논란이 되는 대상이 바로 2차 감정이다. 그러므로 동물도 감정을 가지고 있다고 할 때의 감정은 2차 감정을 의미한다.

① 새끼 거위가 독수리를 닮은 모양새를 보고 도망치는 행동
② 어린 돌고래 새끼가 물 위에 몸을 띄우고 놀이를 하는 행동
③ 교미하려는 암쥐의 뇌에서 도파민이라는 물질이 분비되는 현상
④ 수컷 침팬지가 어미가 죽은 뒤 단식을 하다가 굶어 죽은 행동

12. 다음 글을 통해 알 수 없는 것은?

컴퓨터용 한글 자판에는 세벌식 자판과 두벌식 자판이 있다. 그리고 세벌식 자판이 두벌식 자판에 비해 더 효율적이고 편리하다는 평가가 많다. 그럼에도 불구하고, 새로 컴퓨터를 사용하기 시작하는 사람이 두벌식 자판을 선택하는 이유는 기존의 컴퓨터 사용자의 대다수가 두벌식 자판을 사용하고 있다는 사실이 새로운 사용자에게 영향을 주었기 때문이다. 이렇게 어떤 제품의 사용자 또는 소비자 집단이 네트워크를 이루고, 다른 사람의 수요에 미치는 영향을 네트워크 효과 또는 '네트워크 외부성'이라고 한다.

네트워크 외부성에 영향을 미치는 요인은 세 가지 차원에서 생각해 볼 수 있다. 우선 가장 직접적인 영향을 미치는 것은 사용자 기반이다. 네트워크에 연결된 사람이 많아질수록 사용자들이 제품이나 서비스를 사용함으로써 얻게 되는 효용은 더욱 증가하고, 이로 인해 더 많은 소비자들이 그 제품을 선택하게 된다. 인터넷 지식 검색의 경우, 전체 가입자의 수가 많을수록 개별 사용자의 만족도가 높아지는 경향이 있는데, 이는 사용자 기반이 네트워크 외부성에 영향을 미치는 사례로 볼 수 있다.

둘째, 해당 재화나 서비스의 표준 달성 여부이다. 시장에 출시된 제품 중에서 한쪽이 일정 수준 이상의 사용자수를 확보해서 시장 지배적 제품으로서 표준이 되면 소비자의 선택에 중요한 영향을 주기 때문이다. 예를 들어 컴퓨터 운영 체제로서 윈도우즈는 개인용 컴퓨터(PC) 시장의 대부분을 장악하고 있는데, 개인용 컴퓨터 제조업체들이 자사 제품에 윈도우즈 로고를 붙여야 판매가 가능할 정도로 윈도우즈의 시장 지배력은 압도적이다. 이런 상황에서 컴퓨터를 구매하려는 소비자가 윈도우즈 대신 다른 운영 체제를 선택할 가능성은 매우 낮다.

마지막으로 호환성이다. 특정 브랜드의 제품이나 서비스를 사용하면서 별도의 비용 없이 다른 브랜드 제품으로 전환해서 사용할 수 있다면, 소비자의 선택에 상당한 영향을 미칠 수 있다. 예컨대 시중에 판매되는 DVD 타이틀이 서로 다른 두 가지 방식으로 제작된다고 하자. 소비자로서는 한 가지 방식만을 지원해 주는 DVD 플레이어보다는 두 가지 방식을 모두 지원하여 보다 다양한 DVD 타이틀을 볼 수 있는 DVD 플레이어를 선택하려고 할 것이다. 일반적으로 소비자는 제품의 질이나 가격에 민감하고, 이를 기준으로 제품을 선택한다고 생각한다. 하지만 네트워크 외부성은 소비자들이 가격이나 품질 이외의 요인 때문에 재화나 서비스를 선택할 수 있음을 보여준다.

① 네트워크 외부성이 있으면 재화나 서비스의 가격은 하락한다.
② 사람들이 가장 많이 사용하는 제품이 가장 편리하다고 단정할 수 없다.
③ 특정 제품의 가치는 가격이나 품질 이외의 요인에 따라 달라질 수도 있다.
④ 사용자 기반이 클수록 사용자 개인은 서비스에 대해 만족감이 커지는 경향이 있다.

13. 다음 글을 논리적인 순서대로 바르게 나열한 것은?

(가) 학문을 한다면서 논리를 불신하거나 논리에 대해서 의심을 가지는 것은 용납할 수 없다. 논리를 불신하면 학문을 하지 않는 것이 적절한 선택이다. 학문이란 그리 대단한 것이 아닐 수 있다. 학문보다 더 좋은 활동이 얼마든지 있어 학문을 낮추어 보겠다고 하면 반대할 이유가 없다.

(나) 학문에서 진실을 탐구하는 행위는 논리로 이루어진다. 진실을 탐구하는 행위라 하더라도 논리화되지 않은 체험에 의지하거나 논리적 타당성이 입증되지 않은 사사로운 확신을 근거로 한다면 학문이 아니다. 예술도 진실을 추구하는 행위의 하나라고 할 수 있으나 논리를 필수적인 방법으로 사용하지는 않으므로 학문이 아니다.

(다) 교수이기는 해도 학자가 아닌 사람들이 학문을 와해시키기 위해 애쓰는 것을 흔히 볼 수 있다. 편하게 지내기 좋은 직업인 것 같아 교수가 되었는데 교수는 누구나 논문을 써야한다는 악법에 걸려 본의 아니게 학문을 하는 흉내는 내야하니 논리를 무시하고 학문을 쓰는 편법을 마련하고 논리자체에 대한 악담으로 자기 행위를 정당화하게 된다. 그래서 생기는 혼란을 방지하려면 교수라는 직업이 아무 매력도 없게 하거나 아니면 학문을 하지 않으려는 사람이 교수가 되는 길을 원천 봉쇄해야 한다.

(라) 논리를 어느 정도 신뢰할 수 있는가 의심스러울 수 있다. 논리에 대한 불신을 아예 없애는 것은 불가능하고 무익하다. 논리를 신뢰할 것인가는 개개인이 선택할 수 있는 기본권의 하나라고 해도 무방하다. 그러나 학문은 논리에 대한 신뢰를 자기 인생관으로 삼은 사람들이 독점해서 하는 행위이다.

① (가)(나)(다)(라)
② (가)(다)(나)(라)
③ (나)(라)(가)(다)
④ (다)(가)(라)(나)

14. 다음 제시된 의미의 사자성어를 올바르게 사용한 것을 고르시오.

> 곁에 사람이 없는 것처럼 제멋대로 행동함

① 그는 다른 사람의 일에 방약무인 간섭하고 있다.
② 임진왜란 당시 의병들은 방약무인의 자세로 나라를 위해 싸웠다.
③ 아침부터 그들의 대결을 보기 위해 사람들이 방약무인을 이뤘다.
④ 사무실에 갑자기 한 남자가 나타나더니 그의 행동이 완전 방약무인이더라.

15. 다음 중 표준어로 옳은 것은 무엇인가?

① 나룻터
② 으시대다
③ 새벽별
④ 부조금

16. 다음은 '한국 사회의 여가 문화'라는 제목으로 글을 쓰기 위해 작성한 개요이다. 빈 칸에 들어갈 내용으로 가장 적절하지 않은 것은?

① 서론 : 여가 문화의 문제점
　　㉠ 산업화에 따르는 경제 수준의 향상으로 여가에 대한 기회 증대
　　㉡ 무분별한 여가 형태의 범람으로 사회 문제화
② 본론
　　㉠ 부정적 여가 문화의 원인 분석
　　　• 여가에 대한 그릇된 인식
　　　• 사회적 여가 시설의 부족
　　　• 상업주의에 편승한 일부 언론, 기업의 오도
　　㉡ 바람직한 여가 문화를 위한 대안
　　　• _____
　　　• _____
　　　• _____
③ 결론
　　㉠ 건전한 여가 문화의 확립
　　㉡ 사회 전반의 인식 전환의 필요성 강조

① 삶의 재충전으로서의 여가 인식
② 국가적 차원에서의 시민 오락 시설 개발
③ 개성적 여가 문화의 창출
④ 여가 시설의 양적 확충

17. 다음 글의 내용과 부합하지 않는 것은?

현존하는 족보 가운데 가장 오래된 것은 성종 7년(1476)에 간행된 안동 권씨의 「성화보(成化譜)」이다. 이 족보의 간행에는 달성 서씨인 서거정이 깊이 관여하였는데, 그가 안동 권씨 권근의 외손자였기 때문이다. 조선 전기 족보의 가장 큰 특징을 바로 여기에서 찾을 수 있다. 「성화보」에는 모두 9,120명이 수록되어 있는데, 이 가운데 안동 권씨는 9.5퍼센트인 867명에 불과하였다. 배우자가 다른 성씨라 하더라도 절반 정도는 안동 권씨이어야 하는데 어떻게 이런 현상이 나타났을까?

그것은 당시의 친족 관계에 대한 생각이 이 족보에 고스란히 반영되었기 때문이다. 우선 「성화보」에서는 아들과 딸을 차별하지 않고 출생 순서대로 기재하였다. 이러한 관념이 확대되어 외손들도 모두 친손과 다름없이 기재되었다. 안동 권씨가 당대의 유력 성관이고, 안동 권씨의 본손은 물론이고 인척 관계의 결연으로 이루어진 외손까지 상세히 기재하다보니, 조선 건국에서부터 당시까지 과거 급제자의 절반 정도가 「성화보」에 등장한다.

한편 「성화보」의 서문에서 서거정은 매우 주목할 만한 발언을 하고 있다. 즉 "우리나라는 자고로 종법이 없고 족보가 없어서 비록 거가대족(巨家大族)이라도 기록이 빈약하여 겨우 몇 대를 접할 뿐이므로 고조나 증조의 이름과 호(號)도 기억하지 못하는 이가 있다."라고 한 것이다. 「성화보」 역시 시조 쪽으로 갈수록 기록이 빈약한 편이다.

「성화보」 이후 여러 성관의 족보가 활발히 편찬되면서 양반들은 대개 족보를 보유하게 되었다. 하지만 가계의 내력을 정확하게 파악할 수 있는 자료가 충분하지 않아서 조상의 계보와 사회적 지위를 윤색하거나 은폐하기도 하였다. 대다수의 양반 가계가 족보를 편찬하면서 중인 물론 평민들도 족보를 보유하고자 하였다.

① 「성화보」에서 수록된 사람 중 안동 권씨는 10%도 되지 않는다.
② 태조부터 성종까지 과거 급제자의 절반 정도가 「성화보」에 등장하였다.
③ 조선 후기의 족보는 친손과 외손의 차별 없이 모두 수록하고 있다.
④ 가계의 내력을 정확하게 파악할 수 없기 때문에 조상의 지위를 윤색하기도 하였다.

18. 다음 조건을 읽고 옳은 설명으로 고르시오.

- 대회에 참가하는 팀은 총 6팀이다.
- 각 팀은 다른 모든 팀과 한 번씩 경기를 한다.
- C팀의 최종성적은 3승 2패다.
- C팀과의 경기를 제외한 5팀 간의 경기는 모두 무승부이다.
- 기존의 승점제는 승리시 2점, 무승부시 1점, 패배시 0점을 부여한다.
- 새로운 승점제는 승리시 3점, 무승부시 1점, 패배시 0점을 부여한다.

A : 새로운 승점제에 따르면 C팀은 1위가 된다.
B : C팀의 점수는 기존의 승점제에 따르면 9점이다.

① A만 옳다.

② B만 옳다.

③ A와 B 모두 옳다.

④ A와 B 모두 그르다.

19. S씨는 자신의 재산을 운용하기 위해 자산에 대한 설계를 받고 싶어 한다. S씨는 자산 설계사 A ~ E를 만나 조언을 들었다. 그런데 이들 자산 설계사들은 주 투자처에 대해서 모두 조금씩 다르게 추천을 해주었다. 해외펀드, 해외부동산, 펀드, 채권, 부동산이 그것들이다. 다음을 따를 때, A와 E가 추천한 항목은?

- S씨는 A와 D와 펀드를 추천한 사람과 같이 식사를 한 적이 있다.
- 부동산을 추천한 사람은 A와 C를 개인적으로 알고 있다.
- 채권을 추천한 사람은 B와 C를 싫어한다.
- A와 E는 해외부동산을 추천한 사람과 같은 대학에 다녔었다.
- 해외펀드를 추천한 사람과 부동산을 추천한 사람은 B와 같이 한 회사에서 근무한 적이 있다.
- C와 D는 해외부동산을 추천한 사람과 펀드를 추천한 사람을 비난한 적이 있다.

① 펀드, 해외펀드

② 채권, 펀드

③ 부동산, 펀드

④ 채권, 부동산

20. 어느 과학자는 자신이 세운 가설을 입증하기 위해서 다음과 같은 논리적 관계가 성립하는 여섯 개의 진술 A, B, C, D, E, F의 진위를 확인해야 한다는 것을 발견하였다. 그러나 그는 이들 중 F가 거짓이라는 것과 다른 한 진술이 참이라는 것을 이미 알고 있었기 때문에, 나머지 진술들의 진위를 확인할 필요가 없었다. 이 과학자가 이미 알고 있었던 참인 진술은?

- B가 거짓이거나 C가 참이면, A는 거짓이다.
- C가 참이거나 D가 참이면, B가 거짓이고 F는 참이다.
- C가 참이거나 E가 거짓이면, B가 거짓이거나 F가 참이다.

① A

② B

③ C

④ D

21. A는 일주일 중 월요일에만 거짓말을 하고 나머지 요일에는 참말을 한다. 어느 날 A의 친구들이 A가 결혼을 한다는 소문을 들었다. A한테 전화를 걸었더니 다음과 같이 말했다. 친구들이 유추한 것 중 적절한 것은?

① A가 "오늘은 월요일이고 나는 결혼을 한다"라고 대답했다면 오늘은 월요일이 아니다.

② A가 "오늘은 월요일이고 나는 결혼을 한다"라고 대답했다면 A는 결혼을 한다.

③ A가 "오늘은 월요일이거나 나는 결혼을 한다"라고 대답했다면 오늘은 월요일이 맞다.

④ A가 "오늘은 월요일이거나 나는 결혼을 한다"라고 대답했다면 A는 결혼을 한다.

22. 다음 글을 통해서 볼 때, 그림을 그린 사람(들)은 누구인가?

송화, 진수, 경주, 상민, 정란은 대학교 회화학과에 입학하기 위해 △△미술학원에서 그림을 그린다. 이들은 특이한 버릇을 가지고 있다. 송화, 경주, 정란은 항상 그림이 마무리되면 자신의 작품 밑에 거짓을 쓰고, 진수와 상민은 자신의 그림에 언제나 참말을 써넣는다. 우연히 다음과 같은 글귀가 적힌 그림이 발견되었다.
"이 그림은 진수가 그린 것이 아님."

① 진수
② 상민
③ 송화
④ 송화, 경주

23. 다음 진술이 참이 되기 위해서 꼭 필요한 전제를 보기에서 모두 고르시오.

소방대원은 열정적인 사람이다.

〈보기〉
㉠ 소방대원은 빠르게 현장에 가야한다.
㉡ 소방대원은 물불을 가리지 않는다.
㉢ 소방대원은 연습을 게을리 하지 않는다.
㉣ 책임감이 있는 사람은 긍정적인 사람이다.
㉤ 물불을 가리지 않는 사람은 열정적인 사람이다.
㉥ 연습하는 사람은 몸놀림이 재빠른 사람이다.

① ㉠㉣
② ㉠㉤
③ ㉡㉣
④ ㉡㉤

24. 세 극장 A, B와 C는 직선도로를 따라 서로 이웃하고 있다. 이들 극장의 건물 색깔이 회색, 파란색, 주황색이며 극장 앞에서 극장들을 바라볼 때 다음과 같다면 옳은 것은?

• B극장은 A극장의 왼쪽에 있다.
• C극장의 건물은 회색이다.
• 주황색 건물은 오른쪽 끝에 있는 극장의 것이다.

① A의 건물은 파란색이다.
② A는 가운데 극장이다.
③ B의 건물은 주황색이다.
④ C는 맨 왼쪽에 위치하는 극장이다.

25. 수덕, 원태, 광수는 임의의 순서로 빨간색, 파란색, 노란색 지붕을 가진 집에 나란히 이웃하여 살고, 개, 고양이, 원숭이라는 서로 다른 애완동물을 기르며, 광부·농부·의사라는 서로 다른 직업을 갖는다. 알려진 정보가 다음과 같을 때, 옳은 것은?

• 광수는 광부이다.
• 가운데 집에 사는 사람은 개를 키우지 않는다.
• 농부와 의사의 집은 서로 이웃해 있지 않다.
• 노란 지붕 집은 의사의 집과 이웃해 있다.
• 파란 지붕 집에 사는 사람은 고양이를 키운다.
• 원태는 빨간 지붕 집에 산다.

① 수덕은 빨간 지붕 집에 살지 않고, 원태는 개를 키우지 않는다.
② 노란 지붕 집에 사는 사람은 원숭이를 키우지 않는다.
③ 원태는 고양이를 키운다.
④ 수덕은 개를 키우지 않는다.

26. 5명의 친구 A~E가 모여 '수호천사' 놀이를 하기로 했다. 갑이 을에게 선물을 주었을 때 '갑은 을의 수호천사이다'라고 하기로 약속했고, 다음처럼 수호천사 관계가 성립되었다. 이후 이들은 〈규칙〉에 따라 추가로 '수호천사 관계를 맺었다. 이들 외에 다른 사람은 이 놀이에 참여하지 않는다고 할 때, 옳지 않은 것은?

- A는 B의 수호천사이다.
- B는 C의 수호천사이다.
- C는 D의 수호천사이다.
- D는 B와 E의 수호천사이다.

〈규칙〉
- 갑이 을의 수호천사이고 을이 병의 수호천사이면, 갑은 병의 수호천사이다.
- 갑이 을의 수호천사일 때, 을이 자기 자신의 수호천사인 경우에는 을이 갑의 수호천사가 될 수 있고, 그렇지 않은 경우에는 을이 갑의 수호천사가 될 수 없다.

① A는 B, C, D, E의 수호천사이다.
② B는 A의 수호천사가 될 수 있다.
③ C는 자기 자신의 수호천사이다.
④ E는 A의 수호천사가 될 수 있다.

27. 상자 속에 검사하지 않은 제품 30개가 있다. 이 상자에서 2개의 제품을 임의로 선택하여 한 개씩 검사할 때, 두 개 모두 합격품이면 30개 모두 합격품인 것으로 인정한다. 30개의 제품 중 불량품이 6개 들어 있을 때, 이들 30개의 제품이 합격품으로 인정받을 확률은?

① $\dfrac{83}{135}$

② $\dfrac{91}{135}$

③ $\dfrac{87}{145}$

④ $\dfrac{92}{145}$

28. 6%의 소금물이 400g 있다. 여기에서 몇 g의 물을 증발시키면 10%의 소금물이 되는가?

① 150g

② 160g

③ 170g

④ 180g

29. 연속한 세 자연수 중, 가운데 숫자에 5를 곱한 후에 세 수를 합해보니 49가 나왔다. 연속한 세 숫자 중 가장 작은 수는 얼마인가?

① 6

② 7

③ 9

④ 8

┃30~31┃ 다음에 나열된 숫자의 규칙을 찾아 빈칸에 들어가기 적절한 수를 고르시오.

30.

6 7 9 13 21 37 ( )

① 69

② 68

③ 67

④ 66

31.

$\dfrac{1}{3}$	$\dfrac{4}{5}$	$\dfrac{13}{9}$	$\dfrac{40}{17}$	$\dfrac{121}{33}$	( )	$\dfrac{1093}{129}$

① $\dfrac{364}{65}$

② $\dfrac{254}{53}$

③ $\dfrac{413}{48}$

④ $\dfrac{197}{39}$

다음은 A, B, C 세 제품의 가격, 월 전기료 및 관리비용을 나타낸 표이다. 물음에 답하시오.

분류	가격	월 전기료	월 관리비
A 제품	300만 원	3만 원	1만 원
B 제품	270만 원	4만 원	1만 원
C 제품	240만 원	3만 원	2만 원

32. 제품 구입 후 1년을 사용했다고 가정했을 경우 총 지불액이 가장 높은 제품은? (단, 총 지불금액은 제품의 가격을 포함한다)

① A   ② B

③ C   ④ 모두 같음

33. A제품을 구입할 경우, 3년 동안 B나 C 제품에 비해 얼마를 절약할 수 있는가? (단, 제품가격은 고려하지 않는다.)

① 36만 원   ② 25만 원

③ 34만 원   ④ 33만 원

34. 다이어트 중인 영희는 품목별 가격과 칼로리, 오늘의 행사 제품 여부에 따라 물건을 구입하려고 한다. 예산이 10,000원이라고 할 때, 칼로리의 합이 가장 높은 조합은?

〈품목별 가격과 칼로리〉

품목	피자	돈가스	도넛	콜라	아이스크림
가격(원/개)	2,500	4,000	1,000	500	2,000
칼로리(kcal/개)	600	650	250	150	350

〈오늘의 행사〉

행사 1 : 피자 두 개 한 묶음을 사면 콜라 한 캔이 덤으로!

행사 2 : 돈가스 두 개 한 묶음을 사면 돈가스 하나가 덤으로!

행사 3 : 아이스크림 두 개 한 묶음을 사면 아이스크림 하나가 덤으로!

단, 행사는 품목당 한 묶음까지만 적용됩니다.

① 피자 2개, 아이스크림 2개, 도넛 1개

② 돈가스 2개, 피자 1개, 콜라 1개

③ 아이스크림 2개, 도넛 6개

④ 돈가스 2개, 도넛 2개

35. 다음은 IQ검사와 직무적성검사를 바탕으로 D기업의 사원을 분류하여 평가한 결과이다. IQ검사에 높은 점수를 받은 집단을 A, 직무적성검사에서 높은 점수를 받은 집단을 B라 하며 A와 B에 동시에 속하는 사람은 제외한다고 할 때 다음 중 옳지 않은 것은?

집단 평가항목	A	B	사원 전체 평균
업무의욕	50.3	52.6	30.7
승진시험 성적	85.2	80.3	81.0
인사담당자 평가	52.6	54.2	50.1
IQ	151.0	130.2	131.5

① A집단의 승진시험 성적이 가장 높은 것은 IQ와 관련이 있다.

② 인사담당자는 IQ가 높은 사람들보다 직무적성검사 성적이 높은 사람에게 더 높은 평가를 하는 경향이 있다.

③ 업무의욕과 승진시험성적은 비례관계를 보인다.

④ 직무적성검사에서 높은 점수를 받은 사람이 IQ도 높을 것이라 말할 수는 없다.

36. 다음 도형들의 변화 규칙을 찾아 빈칸에 알맞은 도형을 찾으시오.

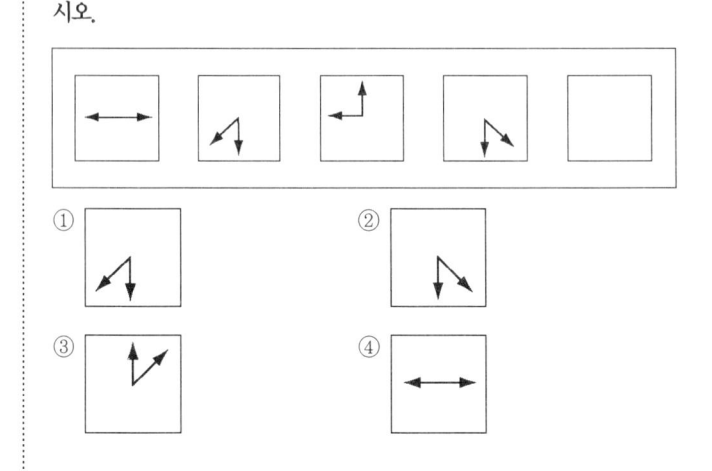

37. 다음 빈칸에 들어갈 도형을 고르시오.

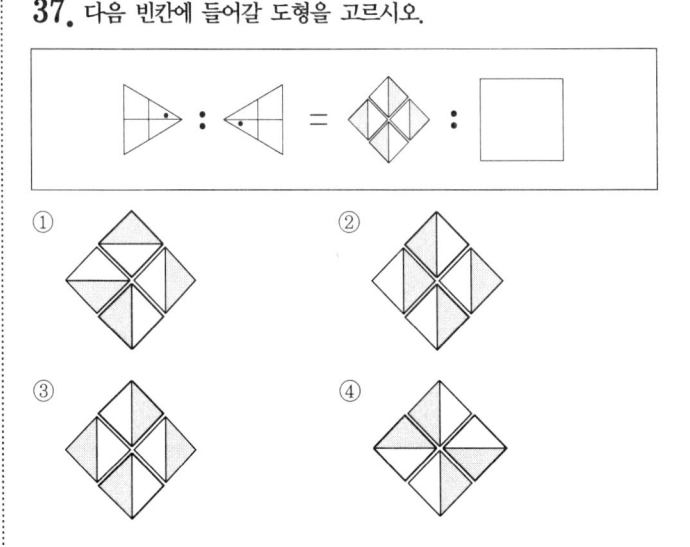

38. 다음에 제시된 두 도형을 결합하였을 때, 만들 수 있는 형태가 아닌 것은?

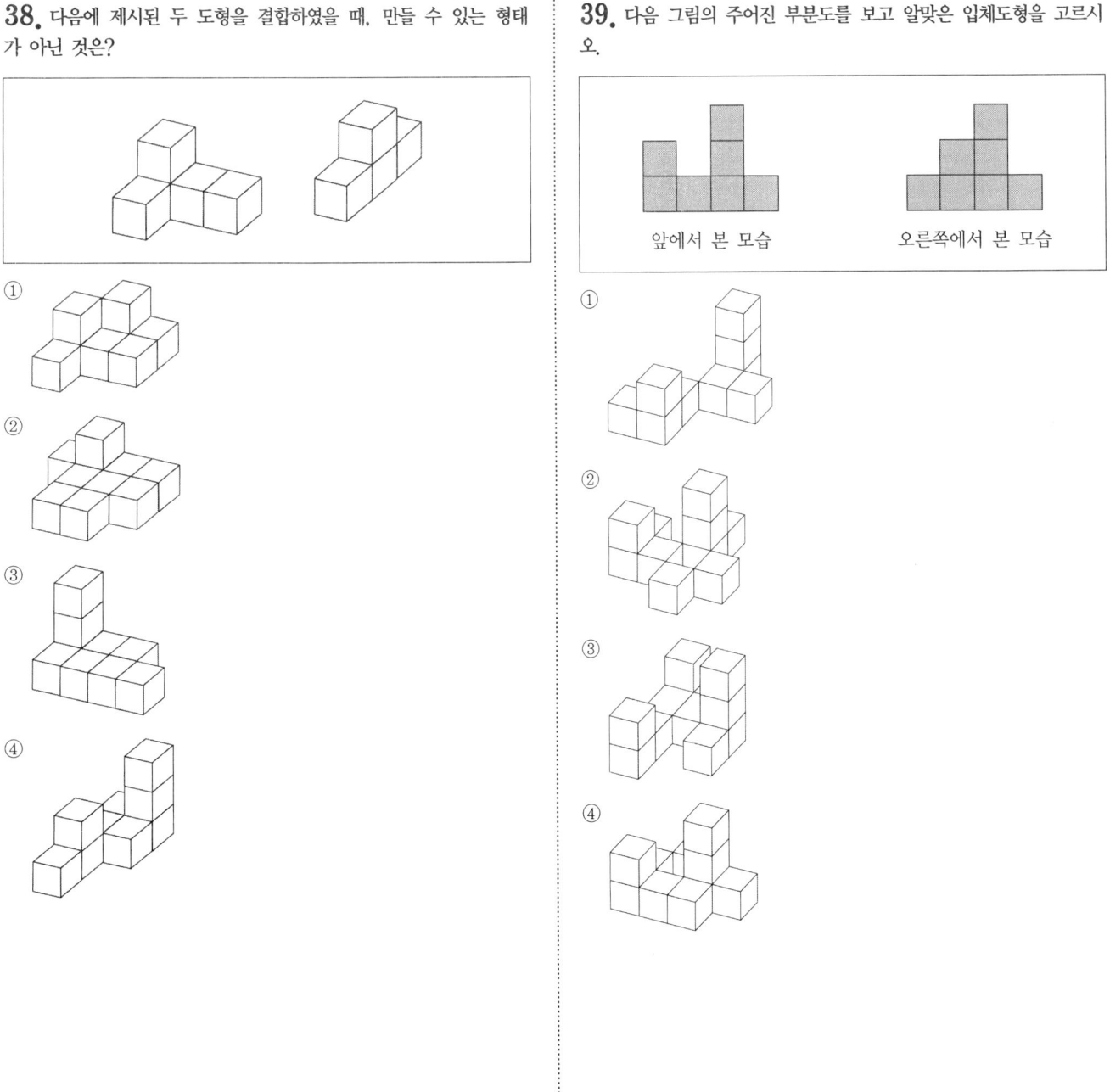

①

②

③

④

39. 다음 그림의 주어진 부분도를 보고 알맞은 입체도형을 고르시오.

앞에서 본 모습 오른쪽에서 본 모습

①

②

③

④

40. 제시된 도형을 화살표 방향으로 접은 후 구멍을 뚫은 다음 다시 펼쳤을 때의 그림을 고르시오.

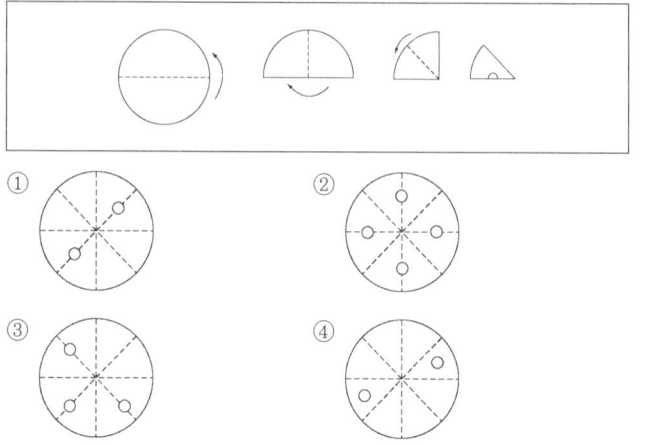

①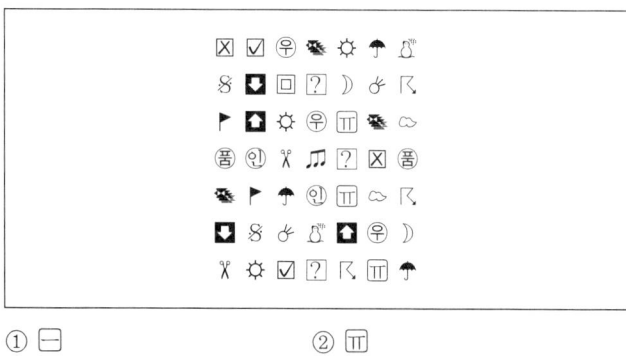

42. 다음 아래에 제시된 그림과 같이 쌓기 위해 필요한 블록의 수를 고르시오.

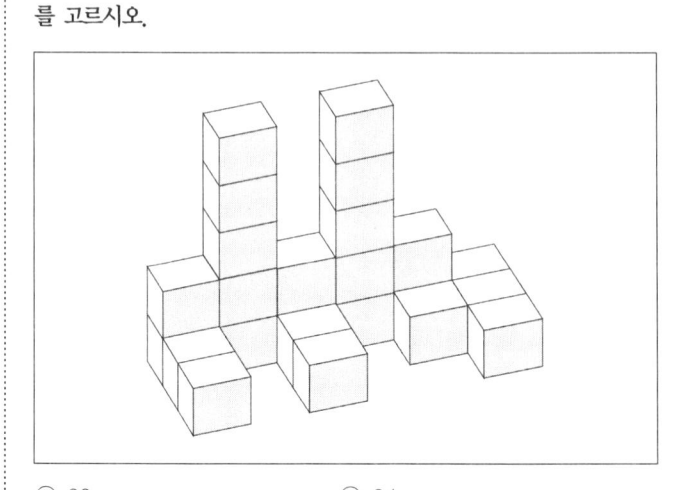

① 23   ② 24

③ 25   ④ 26

41. 다음에서 제시되지 않은 기호를 고르시오.

① ⊟   ② ㅠ

③ ⑪   ④ 픔

43. 다음 아래에 제시된 블록들을 화살표 표시한 방향에서 바라봤을 때의 모양으로 알맞은 것을 고르시오.

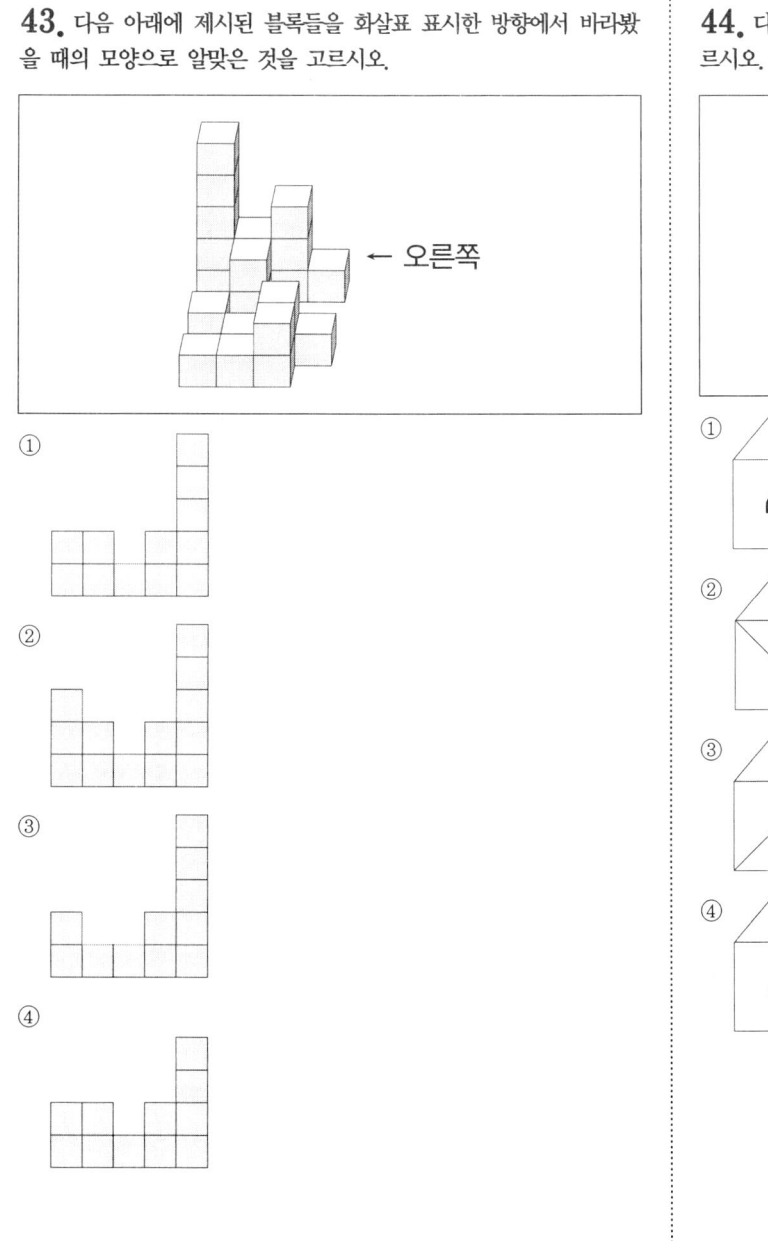

← 오른쪽

①

②

③

④

44. 다음 전개도를 접었을 때 나타나는 도형으로 알맞은 것을 고르시오.

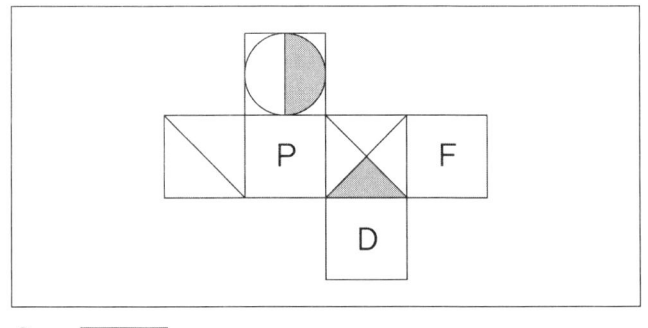

①

②

③

④

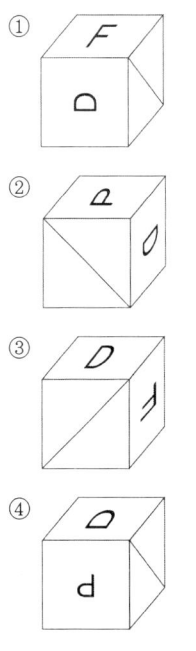

15

45. 다음 도형을 펼쳤을 때 나타날 수 있는 전개도를 고르시오.

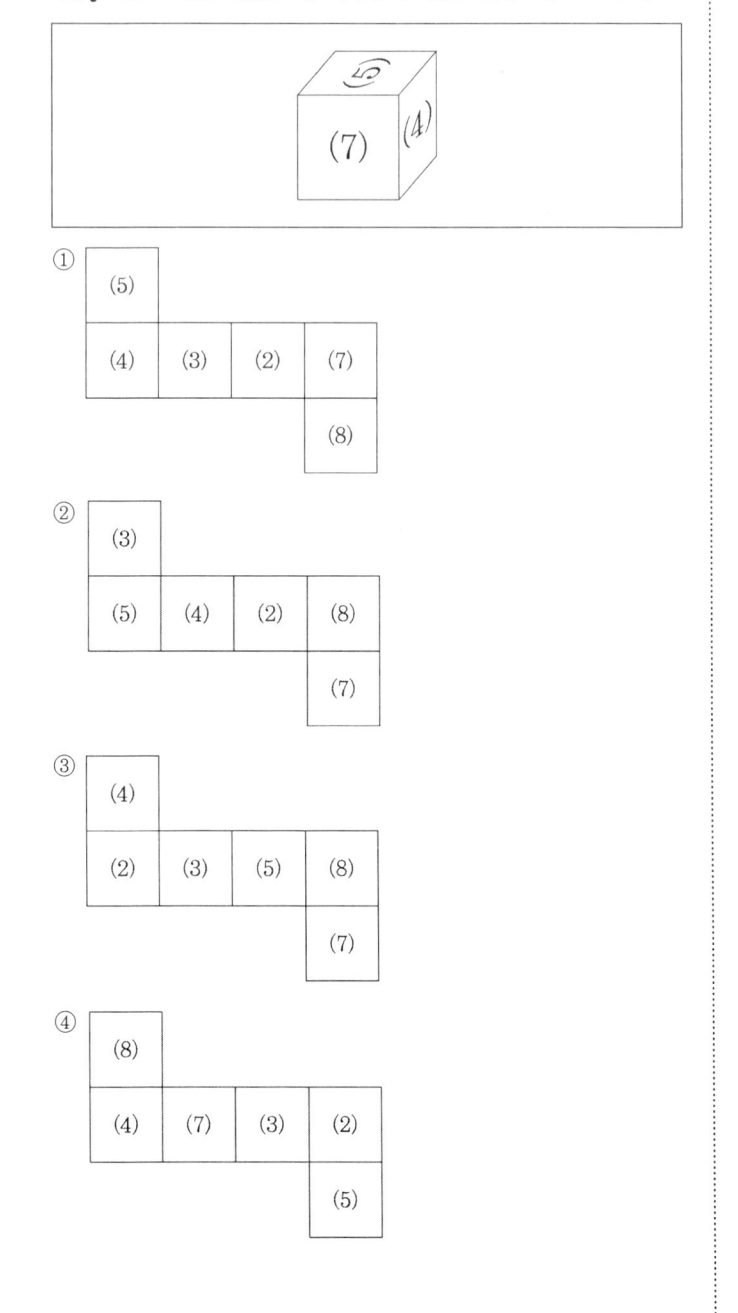

경상북도교육청 교육공무직원 모의고사

직무능력검사

문번	답란				문번	답란				문번	답란			
1	①	②	③	④	21	①	②	③	④	41	①	②	③	④
2	①	②	③	④	22	①	②	③	④	42	①	②	③	④
3	①	②	③	④	23	①	②	③	④	43	①	②	③	④
4	①	②	③	④	24	①	②	③	④	44	①	②	③	④
5	①	②	③	④	25	①	②	③	④	45	①	②	③	④
6	①	②	③	④	26	①	②	③	④					
7	①	②	③	④	27	①	②	③	④					
8	①	②	③	④	28	①	②	③	④					
9	①	②	③	④	29	①	②	③	④					
10	①	②	③	④	30	①	②	③	④					
11	①	②	③	④	31	①	②	③	④					
12	①	②	③	④	32	①	②	③	④					
13	①	②	③	④	33	①	②	③	④					
14	①	②	③	④	34	①	②	③	④					
15	①	②	③	④	35	①	②	③	④					
16	①	②	③	④	36	①	②	③	④					
17	①	②	③	④	37	①	②	③	④					
18	①	②	③	④	38	①	②	③	④					
19	①	②	③	④	39	①	②	③	④					
20	①	②	③	④	40	①	②	③	④					

명	
성	

수험번호								
⓪	⓪	⓪	⓪	⓪	⓪	⓪	⓪	⓪
①	①	①	①	①	①	①	①	①
②	②	②	②	②	②	②	②	②
③	③	③	③	③	③	③	③	③
④	④	④	④	④	④	④	④	④
⑤	⑤	⑤	⑤	⑤	⑤	⑤	⑤	⑤
⑥	⑥	⑥	⑥	⑥	⑥	⑥	⑥	⑥
⑦	⑦	⑦	⑦	⑦	⑦	⑦	⑦	⑦
⑧	⑧	⑧	⑧	⑧	⑧	⑧	⑧	⑧
⑨	⑨	⑨	⑨	⑨	⑨	⑨	⑨	⑨

절 취 선

경상북도교육청
교육공무직원

모의고사

- 정답 및 해설 -

1 ①

　① 강이나 바다의 바닥을 흐르는 물결, 겉으로는 드러나지
　　아니하고 깊은 곳에서 일고 있는 움직임을 비유적으로
　　이르는 말
　② 억지로 권함
　③ 기쁘고 좋음
　④ 가볍고 아주 적어서 대수롭지 아니함

2 ②

　귀결 … 끝을 맺음을 이르는 말로 결과, 종결, 결론이라고
　도 하다.
　① 고지(高志)　③ 귀감(龜鑑)　④ 귀공(鬼工)

3 ①

　① 어떤 재화나 용역을 일정한 가격으로 사려고 하는 욕구

4 ③

　'정리하다'는 '문제가 되거나 불필요한 것을 줄이거나 없애
　서 말끔하게 바로잡다'의 뜻으로 '다스리다'와 유의관계이
　다. '갈라지다'는 '쪼개지거나 금이 가다'의 뜻으로 '바라지
　다'와 유의관계이다.

5 ④

　나머지 보기는 한 주제로 대등관계로 나열되었지만, ④는
　닭의 성장과정을 순서대로 나열하였다.
　① 동물을 대등하게 나열
　② 꽃을 대등하게 나열
　③ 빵 종류를 대등하게 나열

6 ②

　조건을 정리하면 '건강 → 운동 → 등산', '산 → 등산'이 된다.
　따라서 결론은 '건강을 중요시하는 사람은 등산을 좋아한
　다.'가 된다.

7 ④

　조건에 따르면 다음과 같다.
　D - B - 점심 - E - A - C
　따라서 수진이가 첫 번째로 탄 놀이기구는 D이다.

8 ③

　전전항에 ×2를 한 다음 전항의 수를 더한 값이 다음 항
　의 값이 되는 원리이다.
　$1 \times 2 + 1 = 3$
　$1 \times 2 + 3 = 5$
　$3 \times 2 + 5 = 11$
　$5 \times 2 + 11 = 21$
　$11 \times 2 + 21 = 43$
　$21 \times 2 + 43 = 85$

9 ③

분모가 88인 기약분수이다. $\dfrac{9}{88}$ 다음에 나올 기약분수는

$\dfrac{13}{88}$ 이다.

10 ④

16강전 → 8경기
8강전 → 4경기
준결승 → 2경기
결승 → 1경기
$8+4+2+1=15$

11 ③

1학년 남학생, 여학생 수를 각각 $x,\ y$ 라 하면
2학년 남학생, 여학생 수는 각각 $y,\ x$ 이다.
3학년 여학생 수를 z 라고 하면,

$z=\dfrac{2}{5}(x+y+z)$ 이고 $z=\dfrac{2}{3}(x+y)$

$\dfrac{(3학년\ 여학생\ 수)}{(전체\ 학생\ 수)}=\dfrac{\frac{2}{3}(x+y)}{3(x+y)}=\dfrac{2}{9}$

$\therefore\ a+b=11$

12 ③

① A반 평균

$=\dfrac{(20\times 6.0)+(15\times 6.5)}{20+15}=\dfrac{120+97.5}{35}=6.2$

　B반 평균

$=\dfrac{(15\times 6.0)+(20\times 6.0)}{15+20}=\dfrac{90+120}{35}=6$

② A반 평균

$=\dfrac{(20\times 5.0)+(15\times 5.5)}{20+15}=\dfrac{100+82.5}{35}=5.2$

　B반 평균

$=\dfrac{(15\times 6.5)+(20\times 5.0)}{15+20}=\dfrac{97.5+100}{35}=5.6$

③④ A반 남학생 $=\dfrac{6.0+5.0}{2}=5.5$

B반 남학생 $=\dfrac{6.0+6.5}{2}=6.25$

A반 여학생 $=\dfrac{6.5+5.5}{2}=6$

B반 여학생 $=\dfrac{6.0+5.0}{2}=5.5$

13 ④

합계가 2이므로 A$=1$
B$=8-1-3-2=2$
C$=1+2=3$
D$=9-1-3=5$

14 ④

과학＼수학	60	70	80	90	100	합계
100				1	1	2
90			1	2		3
80		2	5	3	1	11
70	1	2	3	2		8
60	1					1
합계	2	4	9	8	2	25

1+1+1+2+2+5+3+1+3+2=21

15 ②

평균이 90점 이상이 되려면 총점이 180점 이상이 되어야한다. 따라서 아래 표의 표시한 부분의 학생들만 해당된다.

과학＼수학	60	70	80	90	100	합계
100				1	1	2
90			1	2		3
80		2	5	3	1	11
70	1	2	3	2		8
60	1					1
합계	2	4	9	8	2	25

평균이 90점 이상인 학생은 모두 5명이므로 전체 학생의 $\frac{5}{25} \times 100 = 20(\%)$가 된다.

16 ③

길이가 Xm인 기차가 Ym인 다리에 진입하여 완전히 빠져나갈 때까지의 거리는 $(X+Y)$m이고, 속도$=\frac{거리}{시간}$이므로 기차의 속도를 구하는 식은 다음과 같다.

$$\frac{(X+Y)\text{m}}{10\text{s}} = \frac{\left\{\frac{X+Y}{1,000}\right\}\text{km}}{\frac{10}{3,600}\text{h}} = \frac{9(X+Y)}{25}\text{km/h}$$

17 ④

방임 … 돌보거나 간섭하지 않고 제멋대로 내버려 두다.
① 방치(放置) : 내버려두다. 방임의 유의어로 볼 수 있다.
② 자유(自由) : 외부적인 구속이나 무엇에 얽매이지 아니하고 자기 마음대로 할 수 있는 상태
③ 방종(放縱) : 제멋대로 행동하여 거리낌이 없다.

18 ①

사리(事理) … 일의 이치

19 ④

받다
㉠ 어떤 상황이 자기에게 미치다.
㉡ 요구, 신청, 질문, 공격, 도전, 신호 따위의 작용을 당하거나 거기에 응하다.
㉢ 다른 사람이 바치거나 내는 돈이나 물건을 책임 아래맡아 두다.
㉣ 점수나 학위 따위를 따다.

20 ③

① 안고[안 : 꼬]

② 옷기기도[온끼기도]

④ 무릎과[무릅꽈]

21 ②

① 법썩 → 법석

③ 오뚜기 → 오뚝이

④ 더우기 → 더욱이

22 ④

④ 저 신사는 큰 기업의 <u>회장 겸</u> 대표이사이다.

23 ④

보기는 '음식상이나 잠자리 따위를 채비하다'의 뜻이다. 따라서 ④가 적절하다.

① 어떤 관계의 사람을 얻거나 맞다.

② 어떤 일을 당하거나 겪거나 얻어 가지다.

③ 음식 맛이나 간을 알기 위하여 시험 삼아 조금 먹다.

24 ②

다육식물, 사막, 백년초를 통해 선인장을 유추할 수 있다. 선인장은 사막이나 높은 산 등 수분이 적고 건조한 날씨의 지역에서 살아남기 위해 땅 위의 줄기나 잎에 많은 양의 수분을 저장하고 있는 다육식물이다. 백년초는 부채선인장의 다른 이름이다.

25 ①

① 기류, 날개, 하늘을 통해 비행기를 연상할 수 있다.

26 ②

'그림 이론'에 대한 설명에서 언어가 세계와 대응한다는 내용에 이어지는 문장이므로 ②번이 적절하다.

27 ②

다음의 경우에는 등교하지 않고 담임선생님에게 알려야 한다.

㉠ 37.5℃ 이상의 발열 또는 호흡기 증상이 나타난 경우

㉡ 해외여행을 다녀왔거나 확진환자와 접촉하여 자가격리 통지서를 받은 경우

㉢ 가족(동거인) 중 해외여행이나 확진환자와의 접촉으로 자가격리 통지서를 받은 사람이 있는 경우

28 ①

(마) 갑인자의 소개와 주조 이유 → (나) 갑인자의 이명(異名) → (바) 갑인자의 모양이 해정하고 바른 이유 → (다) 경자자와 비교하여 개량·발전된 갑인자 → (가) 현재 전해지는 갑인자본의 특징 → (라) 우리나라 활자본의 백미가 된 갑인자

29 ②

② B와 C가 취미가 같고, C는 E와 취미생활을 둘이서 같이 하므로 B가 책읽기를 좋아한다면 E도 여가 시간을 책읽기로 보낸다.

30 ①

㉠ 상상력이 풍부하지 않은 사람은 그림을 잘 그리는 사람
이 아니다(첫 번째 전제의 대우).

㉡ 그림을 잘 그리는 사람이 아니면 노래를 잘하지 않는다
(세 번째 전제의 대우).

㉢ 따라서 상상력이 풍부하지 않은 사람은 노래를 잘하지
않는다.

31 ①

조건에 따르면 영업과 사무 분야의 일은 A가 하는 것이 아
니고, 관리는 B가 하는 것이 아니므로 'A – 관리, B – 사
무, C – 영업, D – 전산'의 일을 하게 된다.

32 ②

경상도 사람은 앞에서 세 번째에 서고 강원도 사람 사이에
는 다른 지역 사람이 서있어야 하므로 강원도 사람은 경상
도 사람의 뒤쪽으로 서게 된다. 서울 사람은 서로 붙어있
어야 하므로 첫 번째, 두 번째에 선다. 충청도 사람은 맨
앞 또는 맨 뒤에 서야하므로 맨 뒤에 서게 된다. 강원도
사람 사이에는 자리가 정해지지 않은 전라도 사람이 서게
된다.

서울 – 서울 – 경상도 – 강원도 – 전라도 – 강원도 – 충청도

33 ②, ④

영국인은 반드시 왼쪽에서 세 번째 자리에 앉아야 하며,
한국인 사이에는 외국인 한 명이 꼭 사이에 끼어 앉아야
한다. 또한 중국인은 중국인끼리 붙어 앉아야 하며 일본인
은 가장자리에 앉아야 하므로

| 중국인 | 중국인 | 영국인 | 한국인 | 미국인 | 한국인 | 일본인 |

| 미국인 | 한국인 | 영국인 | 한국인 | 중국인 | 중국인 | 일본인 |

34 ④

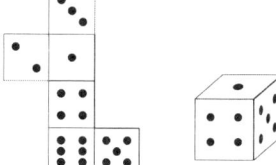

35 ①

제시된 전개도에서 맞닿는 면을 표시하면 다음과 같다.

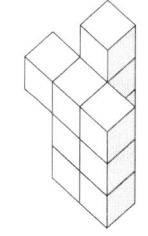

36 ②

37 ①

해당 도형을 펼치면 ①이 나타날 수 있다.

38 ②

1층에 10개, 2층에 4개, 3층에 1개이므로 총 15개 블록이
있다.

39 ②

Å	₵	¥	₵	℃	£
£	℃	°F	Å	£	∬
¥	°F	₵	¥	♪	°F
℃	£	℃	£	₵	♪
₵	Å	♪	∬	¥	℃
¥	°F	¥	℃	♪	°F

40 ①

↰ 는 위 기호 무리에 제시되지 않았다.

41 ③

α	δ	<u>Ο</u>	κ	ζ	ν
λ	ω	Θ	<u>χ</u>	Θ	π
τ	β	σ	ε	ο	Φ
ψ	ζ	η	ι	υ	Ψ
Σ	μ	γ	ρ	φ	<u>Ξ</u>

42 ③

43 ②

중앙에 빗금 친 좌우를 번갈아 반복되고 있으며 삼각형, 사각형, 오각형으로 변하면서 원의 안쪽과 바깥쪽에 번갈아 나타나고 있다.

44 ④

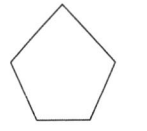

④ 첫 번째 세로 줄의 도형들은 삼각형, 사각형, 오각형으로 변하고 있으며 두 번째 세로 줄의 도형들은 사각형, 오각형, 육각형으로 변하고 있다. 따라서 세 번째 세로 줄은 삼각형, 사각형, 오각형으로 변할 것이다.

45 ③

제시된 도형을 반시계 방향으로 90° 회전하면 ③과 같이 된다.

 정답 및 해설

1 ③

① 키와 몸집이 크고 늘씬함을 이르는 말이다.
② 생활이 어려움 또는 활달하지 못하여 옹졸하고 답답함을 이르는 말이다.
④ 몸이 튼튼하지 못함 또는 내용이 실속이 없거나 충실하지 못함을 이르는 말이다.

2 ②

앙양… 정신이나 사기 따위를 드높이고 북돋움을 이르는 말이다.

3 ④

내이는 단단한 뼈로 둘러싸여 있다고 하였다.

4 ①

웬만하다
㉠ 정도나 형편이 표준에 가깝거나 그보다 약간 낫다.
㉡ 허용되는 범위에서 크게 벗어나지 아니한 상태에 있다.

5 ④

①②③ 공간 – 상품 – 하위상품 순으로 연결되어 있다.

6 ④

주어진 명제들의 대우 명제를 이용하여 삼단논법에 의한 새로운 참인 명제를 다음과 같이 도출할 수 있다.
– 두 번째 명제의 대우 명제: 홍차를 좋아하는 사람은 배가 아프다. → A
– 세 번째 명제의 대우 명제: 식욕이 좋지 않은 사람은 웃음이 많지 않다. → B
A + 첫 번째 명제 + B → 홍차를 좋아하는 사람은 웃음이 많지 않다.

7 ④

주어진 조건대로 살펴보면 D > C > A > B의 순으로 코스의 길이가 길다. 긴 코스일수록 기울기가 완만하므로 D 코스의 기울기가 가장 완만하다.

8 ②

홀수 항은 +5, 짝수 항은 −5의 규칙을 가진다.
따라서 12 + 5 = 17

9 ④

1, 3, 5, 7항은 +10의 규칙을, 2, 4, 6, 8항은 −10의 규칙을 가진다. 따라서 −5−10=−15

10 ③

파일을 내려 받는 데 걸린 시간 : 인터넷 사이트에 접속하는데 걸린 시간=4 : 1

12분 30초는 750초이므로

파일을 내려 받는 데 걸린 시간$=750 \times \dfrac{4}{5}=600$초

따라서 내려 받은 파일의 크기는 $600 \times 1.5=900$MB

11 ④

A : 월드컵 대표,

B : 올림픽 대표,

C : 청소년 대표라 하면,

$n(A \cup B \cup C)=48$,

$n(A)=23$, $n(B)=23$, $n(C)=23$,

$n(A \cap B)=16$, $n(B \cap C)=5$, $n(C \cap A)=2$

$n(B \cup C)=n(B)+n(C)-n(B \cap C)$

$\qquad =23+23-5=41$

∴ (월드컵대표에만 소속되어 있는 선수)

$\qquad =48-41=7$

12 ③

벤치의 수를 x, 동료들의 수를 y로 놓으면

$5x+4=y$

$6x=y$

위 두 식을 연립하면

$x=4$, $y=24$

13 ②

원래 가격은 1로 보면

$0.7 \times 0.8=0.56$

원래 가격에서 56%의 가격으로 판매를 하는 것이므로 할인율은 44%가 된다.

14 ③

A 주식의 가격을 x, B 주식의 가격을 y라 하면

$x=2y$

두 주식을 각각 10주씩 사서 각각 30%, 20% 올랐으므로

$1.3x \times 10+1.2y \times 10=76,000$

B 주식의 가격을 구해야 하므로 y에 대해 정리하면

$1.3 \times 2y \times 10+1.2y \times 10=76,000$

$38y=76,000$

$y=2,000$원

15 ②

안경을 낀 학생 수를 x라 하면

안경을 끼지 않은 학생 수는 $x+300$이다.

$x+(x+300)=1,000$이므로 x는 350명이다.

안경을 낀 남학생을 $1.5y$라 하면,

안경을 낀 여학생은 y가 된다.

$y+1.5y=350$이므로 y는 140명이다.

따라서 안경을 낀 여학생 수는 140명이다.

16 ②

$$\frac{3,000 \times 8.0 + 2,000 \times 6.0}{3,000 + 2,000} = \frac{36,000}{5,000} = 7.2$$

17 ②

직장, 동창회, 친목 단체는 이익 사회에 해당하며, 이들 집단에서 소속감을 가장 강하게 느낀다고 응답한 비율은 남성이 더 높다.

18 ④

존귀 … 지위나 신분이 높고 귀함
④ 미천 : 신분이나 지위 따위가 하찮고 천하다.

19 ②

잡다
㉠ 짐승을 죽이다.
㉡ 권한 따위를 차지하다.
㉢ 실마리, 요점, 단점 따위를 찾아내거나 알아내다.
㉣ 자동차 따위를 타기 위하여 세우다.

20 ①

② 달이다 → 다리다(옷의 구김을 펴기 위해 다리미로 문지르다.)
③ 벌인 → 벌린(벌리다 : 둘 사이를 넓히거나 멀게 하다.)
④ 너머 → 넘어(넘다 : 경계를 건너 지나다.)

21 ③

① 기여하고저 → 기여하고자
② 퍼붇다 → 퍼붓다
③ 안성마춤 → 안성맞춤, 삵괭이 → 살쾡이, 더우기 → 더욱이, 지그잭(zigzag) → 지그재그
④ 굶주리다 → 굶주리다, 빠리(Paris) → 파리

22 ④

④ 떠난지 → 떠난 지

23 ④

보기는 '사람이 죄나 누명 따위를 가지거나 입게 되다'의 뜻이다. 따라서 ④가 적절하다.
① 얼굴에 어떤 물건을 걸거나 덮어쓰다.
② 붓, 펜, 연필과 같이 선을 그을 수 있는 도구로 종이 따위에 획을 그어서 일정한 글자의 모양이 이루어지게 하다.
③ 머릿속에 떠오른 곡을 일정한 기호로 악보 위에 나타내다.

24 ④

비타민 D는 뼈의 칼슘 흡수를 효율적으로 이루어지게 한다. 비타민 D가 부족하게 되면 골절 위험이 증가하며, 특히 노인의 경우 엉덩이 골절과 관련이 있고, 골다공증, 골연화 등과 같은 질환으로 이어질 수 있다. 비타민 D의 적절한 공급에 가장 효과적인 방법은 매일 일정 시간의 햇빛에 노출하는 것인데, 이는 햇빛에 의해 비타민 D가 몸에서 합성되고, 혈중에 있는 칼슘과 인의 농도를 조절해 뼈를 튼튼하게 만들어주기 때문이다.

25 ③

단풍, 고추잠자리, 추수를 통해 가을을 연상할 수 있다.

26 ③

안전, 공무원, 음주 단속을 통해 경찰을 유추할 수 있다.
경찰은 국가 사회의 공공질서와 안녕을 보장하고 국민의 안전과 재산을 보호하는 일을 담당하는 공무원으로, 음주 단속 역시 경찰 업무의 하나이다.

27 ③

① 제시문에 언급되지 않은 내용이다.
② 극장가가 형성된 것은 1910년부터이다.
④ 변사는 자막과 반주 음악이 등장하면서 점차 소멸하였다.

28 ②

제시된 문장들의 내용을 종합하면 전체 글에서 주장하는 바는 '정당한 사적 소유의 생성'이라고 요약할 수 있다. 이를 위해 사적 소유의 정당성이 기회균등에서 출발한다는 점을 전제해야 하며 이것은 (다)가 가장 먼저 위치해야 함을 암시한다. 다음으로 (가)에서 재산의 신규취득 유형을 두 가지로 언급하고 있으며, 이 중 하나인 기소유물의 소유권에 대한 설명이 (라)에서 이어지며, (라)단락에 대한 추가 부연 설명이 (나)에서 이어진다고 보는 것이 가장 타당한 문맥의 흐름이 된다.

29 ①

제시된 글은 인공위성을 군사용 위성과 평화용 위성으로 나누어 각각에 포함되는 것이 무엇이 있는지 설명하고 있다.
② 시간의 흐름에 따른 독서 방식의 변화에 대해 설명하고 있다.
③ 연민이라는 것을 정의하기 위한 요소에 대해 설명하고 있다.
④ 프로이드와 융의 이론에서 주요개념을 비교하여 설명하고 있다.

30 ①

계산식에 따른 각 건물의 예상높이를 구하면 다음과 같다.

건물 이름	층수	실제높이 (m)	예상높이 (m)	예상높이와 실제높이의 차(m)
부르즈 칼리파	163	828	789	39
스카이 시티	220	838	960	122
나킬 타워	200	1,490	900	590
시티 타워	400	2,400	1,500	900
상하이 타워	128	632	684	52

31 ③

민수는 고속버스를 싫어하고, 영민이는 자가용을 싫어하므로 비행기로 가는 방법을 선택하면 된다.

32 ①

약속장소에 도착한 순서는 E - D - A - B - C 순이고, 제시된 사실에 따르면 C가 가장 늦게 도착하긴 했지만 약속 시간에 늦었는지는 알 수 없다.

33 ③

조건에 따라 4명을 원탁에 앉히면 D의 왼쪽과 오른쪽에 앉은 사람은 C - B가 된다.

34 ③

가장 확실한 조건(B는 204호, F는 203호)을 바탕으로 조건들을 채워나가면 다음과 같다.

a라인	201 H	202 A	203 F	204 B	205 빈방
복도					
b라인	210 G	209 C	208 빈방	207 E	206 D

∴ D의 방은 206호이다.

35 ①

A가 육각형이라고 가정하면 정의 진술한 내용에서 E가 사각형이 될 수 없다. E가 사각형이 될 수 없으므로 을이 진술한 내용에서 B는 오각형이다. B가 오각형이므로 병이 진술한 내용에서 D는 오각형이 될 수 없으므로 C는 원이된다. 그리고 C가 원이라면 갑이 진술한 내용에서 C는 삼각형이 될 수 없으므로 D는 사각형이 된다. 그러면 E는 삼각형이 된다.

그러므로 A=육각형, B=오각형, C=원, D=사각형, E=삼각형이 된다.

36 ②

37 ④

38 ②

해당 도형을 펼치면 ②가 나타날 수 있다.

39 ③

1층에 13개, 2층에 6개, 3층에 3개이므로 총 22개 블록이 있다.

40 ④

ㄐ	ㄋ	ㄌ	ㄝ	ㄙ	ㄎ
ㄖ	ㄅ	ㄈ	ㄕ	ㄡ	ㄗ
ㄌ	ㄣ	ㄑ	ㄟ	ㄏ	ㄚ
ㄊ	ㄜ	ㄔ	ㄓ	ㄋ	ㄍ
ㄊ	ㄇ	ㄆ	ㄉ	ㄤ	ㄛ

41 ②

②

42 ③

제시된 도형의 경우 뒤에 세 개의 도형을 보고 규칙성을 찾아야 한다. 세 개의 도형을 관찰해 본 결과 화살표 모양은 135° 나아 갔다가 45° 되돌아오고 있다.

43 ③

③ 첫 번째와 두 번째의 도형이 겹쳐진 것이 세 번째 도형 이다.

44 ②

A	C	Z	B	A	C
X	B	E	A	C	X
C	Y	C	X	Y	B
E	A	D	W	Z	Z
Y	Z	B	Z	E	C
X	E	Y	C	A	V

45 ②

ㅋ는 위 기호 무리에 제시되지 않았다.

1 ①

② 박정하고 쌀쌀함을 이르는 말이다.
③ 사람됨이나 행동이 빈틈이 없이 굳세고 단단함을 이르는 말이다.
④ 과일이나 곡식 따위가 알이 들어 단단하게 익음을 이르는 말이다.

2 ④

무녀리 … 한 배의 새끼 중 맨 먼저 태어난 새끼로 언행이 좀 모자라서 못난 사람을 비유하는 말이다.

3 ④

④ '표준어를 글자로 적는 방식에는 두 가지가 있다.'라는 말에서 두 가지 방식은 소리 나는 대로 적는 방식과 의미가 잘 드러나도록 적는 방식이다. 또한 의미가 잘 드러나도록 적는 방식은 어법을 고려해 적는 방식이다. 그러므로 한글 맞춤법은 소리와 어법을 고려해 표준어를 적는 방법을 규정한 것이라 할 수 있다.
① 한글 맞춤법은 '표준어를 어떻게 글로 적을까'에 대한 원칙을 규정해 놓은 것이지 표준어를 정하는 원칙을 규정한 것이 아니다.
③ 실사를 밝혀 적는다는 것은 어법에 맞도록 적는다는 의미이다.

4 ②

칫솔은 세면도구에 해당하고, 순대는 분식에 해당한다.

5 ②

①③④ '장소 – 주체 – 행위'의 순서로 나열되어 있다.

6 ②

다음의 두 가지 경우가 될 수 있다.
㉠ [앞] 재연 – 승리(약 냉방) – 철수(약 냉방) – 승혁 [뒤]
㉡ [앞] 재연 – 철수(약 냉방) – 승리(약 냉방) – 승혁 [뒤]

7 ③

전제 1 : p → q
전제 2 : ~r → p
결론 : s → r (대우 : ~r → ~s)
p → ~s 또는 q → ~s가 보충되어야 한다.
그러므로 '기린을 좋아하는 사람은 코끼리를 좋아하지 않는다.' 또는 '얼룩말을 좋아하는 사람은 코끼리를 좋아하지 않는다.'와 이 둘의 대우가 빈칸에 들어갈 수 있다.

8 ③

제시된 숫자들은 17씩 일정하게 증가하는 규칙을 따르는 원리이다.

9 ②

$+2$, $+2^2$, $+2^3$, $+2^4$, $+2^5$, $+2^6$의 규칙을 가진다.

10 ④

B의 나이를 x, C의 나이를 y라 놓으면
A의 나이는 $x+12$, $2y-4$가 되는데 B와 C는 동갑이므로 $x=y$이다.
$$x+12 = 2x-4$$
$$x = 16$$
A의 나이는 $16+12 = 28$살이 된다.

11 ③

$$X \times \left(1 + \frac{20}{100}\right) - 90,000 = X \times \left(1 + \frac{2}{100}\right)$$
$$1.2X - 90,000 = 1.02X$$
$$0.18X = 90,000$$
$$X = 500,000원$$

12 ②

지난 주 판매된 A 메뉴를 x, B 메뉴를 y라 하면
$$\begin{cases} x+y = 1,000 \\ x \times (-0.05) + y \times 0.1 = 1,000 \times 0.04 \end{cases}$$
두 식을 연립하면 $x=400$, $y=600$
따라서 이번 주에 판매된 A 메뉴는
$x \times 0.95 = 400 \times 0.95 = 380$명분이다.

13 ①

① B의 최대 총점(국어점수가 84점인 경우)은 263점이다.
② E의 최대 총점(영어점수가 75점, 수학점수가 83점인 경우)은 248점이고 250점 이하이므로 보충수업을 받아야 한다.
③ B의 국어점수와 C의 수학점수에 따라 D는 2위가 아닐 수도 있다.
④ G가 국어를 84점 영어를 75점 받았다면 254점으로 보충수업을 받지 않았을 수도 있다.

14 ②

① 연도별 자동차 수
$$= \frac{사망자\ 수}{차\ 1만\ 대당\ 사망자\ 수} \times 10,000$$
② 운전자 수가 제시되어 있지 않아서 운전자 1만 명당 사고 발생 건수는 알 수 없다.
③ 자동차 1만 대당 사고율 $= \dfrac{발생\ 건수}{자동차\ 수} \times 10,000$
④ 자동차 1만 대당 부상자 수
$$= \frac{부상자\ 수}{자동차\ 수} \times 10,000$$

15 ①

국어점수 30점 미만인 사원의 수는 3 + 2 + 3 + 5 + 7 + 4 + 6 = 30명
점수가 구간별로 표시되어 있으므로 구간별로 가장 작은 수와 가장 큰 수를 고려하여 구한다.
영어 평균 점수 최저는
$$\frac{0\times8+10\times16+20\times6}{30}=9.3$$이고
영어 평균 점수 최고는
$$\frac{9\times8+19\times16+29\times6}{30}=18.3$$이다.

16 ②

$$110\div60=1.83$$

17 ①

각 제품의 예상 매출액을 구해보면 냉장고는 320억 원으로 실제 매출액과 100억 원 차이가 나고, 에어컨은 8억 원, 김치냉장고는 290억 원, 청소기는 203억 원, 세탁기는 175억 원, 살균건조기는 162억 원, 공기청정기는 135억 원, 전자레인지는 136억 원이 차이가 난다.

18 ①

전체 매출액은 3,379억 원
$$\frac{590}{3,379}\times100=17.4$$

19 ③

미욱하다 … 하는 짓이나 됨됨이가 매우 어리석고 미련하다.

20 ④

갖추다
㉠ 있어야 할 것을 가지거나 차리다.
㉡ 필요한 자세나 태도 따위를 취하다.
㉢ 지켜야 할 도리나 절차를 따르다.

21 ④

① 휴계실 → 휴게실
② 웬지 → 왠지
③ 세워 → 새워

22 ②

② 부는대로→부는 대로(의존 명사는 앞말과 띄어 쓴다.)

23 ②

보기는 '뒤에서 보살피고 도와주다'의 뜻이다. 따라서 ②가 적절하다.
① 일정한 방향으로 움직이도록 반대쪽에서 힘을 가하다.
③ 바닥이 반반해지도록 연장을 누르면서 문지르다.
④ 눌러서 얇게 펴다.

24 ②

② 어떤 것을 깊이 생각하고 연구함을 이르는 말이다.
① 자기 마음을 반성하여 살핀다는 뜻이다.
③ 큰 관심 없이 대강 보아 넘기는 것을 뜻한다.
④ 내용 일부를 보태거나 삭제하여 고치는 것을 이르는 말이다.

25 ②

흰머리수리, 도널드, 50을 통해 미국을 연상할 수 있다. 흰머리수리는 미국의 국조이고, 도널드 트럼프는 미국의 전직 대통령이며, 미국은 50개의 주와 1개의 특별구로 이루어져 있다.

26 ④

마이크, 코인, 스피커를 통해 노래방을 유추할 수 있다. 코인 노래방은 곡당 요금을 지불하고 노래를 부를 수 있도록 만든 곳으로, 특히 청소년 사이에서 인기가 있다. 노래방에는 마이크와 스피커가 있다.

27 ③

첫 번째 문단에서 문제를 알면서도 고치지 않았던 두 칸을 수리하는 데 수리비가 많이 들었고, 비가 새는 것을 알자마자 수리한 한 칸은 비용이 많이 들지 않았다고 하였다. 또한 두 번째 문단에서 잘못을 알면서도 바로 고치지 않으면 자신이 나쁘게 되며, 잘못을 알자마자 고치기를 꺼리지 않으면 다시 착한 사람이 될 수 있다 하며 이를 정치에 비유해 백성을 좀먹는 무리들을 내버려 두어서는 안 된다고 서술하였다. 따라서 글의 중심내용으로는 잘못을 알게 되면 바로 고쳐 나가는 것이 중요하다가 적합하다.

28 ②

(라)는 '그것은'으로 시작하는데 '그것'이 무엇인지에 대한 설명이 필요하기 때문에 (라)는 첫 번째 문장으로 올 수 없다. 따라서 첫 번째 문장은 (가)가 된다. '겉모습'을 인물 그려내기라고 인식하기 쉽다는 일반적인 통념을 언급하는 (가)의 다음 문장으로, '하지만'으로 연결하며 '내면'에 대해 말하는 (다)가 적절하다. 또 (다) 후반부의 '눈에 보이는 것 거의 모두'를 (나)에서 이어 받고 있으며, (나)의 '공간'에 대한 개념을 (라)에서 보충 설명하고 있다.

29 ③

두 번째 문단 후반부에서 내적 형상이 물체에 옮겨진 형상과 동일한 것은 아니라고 하면서, '돌이 조각술에 굴복하는 정도'에 응해서 내적 형상이 내재한다고 하였다.

① 두 번째 문단 첫 문장에서 '형상'이 질료 속에 있는 것이 아니라, 장인의 안에 존재하던 것임을 알 수 있다.

② 첫 번째 문단 마지막 문장에서 질료 자체에는 질서가 없다고 했으므로, 지문의 '질료 자체의 질서와 아름다움'이라는 표현이 잘못되었다.

④ 마지막 문장에 의하면, 장인에 의해 구현된 '내적 형상'을 감상자가 복원함으로써 아름다움을 느낄 있다고 하였다. 자연 그대로의 돌덩어리에서는 복원할 '내적 형상'이 있다고 할 수 없다.

30 ④

④ 조건에 따라 순번을 매겨 높은 순으로 정리하면 B→D →A→E→C가 된다.

31 ④

B의 진술이 거짓이라면 C와 D는 거짓말쟁이가 아니므로 진실을 말한 사람이 두 사람이 되므로 진실을 얘기하고 있는 사람이 한 명 뿐이라는 단서와 모순이 생기므로 B의 진술이 진실이다. B의 진술이 진실이고 모두의 진술이 거짓이므로 A의 거짓진술에 의해 B는 범인이 아니며, C의 거짓진술에 의해 A도 범인이 아니다. D의 거짓진술에 의해 범인은 D가 된다.

32 ③

① '병'과 '기'가 같은 조여서는 안 된다.

②④ '을'이 '정' 또는 '기'와 같은 조가 아니다.

33 ③

평가항목 음식점	음식 종류	이동 거리	1인분 가격	평점 (★ 5개 만점)	예약 가능 여부	총점
북경반점	2	4	5	1	1	13
샹젤리제	3	3	4	2	1	13
경복궁	4	5	2	3	0	14
아사이타워	5	1	3	4	0	13
광화문	4	2	1	5	0	12

34 ②

D	F	E	–	엘리베이터
B	A	C	G	

35 ③

36 ③

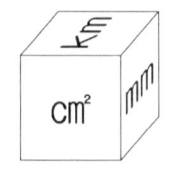

37 ①

해당 도형을 펼치면 ①이 나타날 수 있다.

38 ③

오른쪽으로 90° 회전했을 때 ③과 같이 된다.

39 ①

제시된 도형을 조합하면 ①이 된다.

40 ④

가을	가지	가구	가을	**가열**	가족
가열	가방	가상	가망	가치	가지
가지	가사	가방	**가열**	가사	가구
가구	가을	가사	가상	가구	가축
가방	**가열**	가망	가지	가사	가망
가족	가지	가구	가상	가망	가을

41 ③

'시계'는 위 문자 무리에 제시되지 않았다.

42 ①

② 평면과 정면의 모양이 제시된 모양과 다르다.
③ 정면과 측면의 모양이 제시된 모양과 다르다.
④ 평면과 측면의 모양이 제시된 모양과 다르다.

43 ②

44 ③

1층에 16개, 2층에 9개, 3층에 5개이므로 총 30개 블록이 있다.

45 ②

② 각 행마다 반시계 방향으로 45°씩 회전하고 있으며 끝부분의 도형은 모두 모양이 다르다.

1. ②

위에 제시된 관계는 우리나라 인물과 그 인물이 지은 시조의 초장을 짝지은 것이다. ②는 이방원이 지은 하여가의 초장이다.

2. ④

① 과전이하(瓜田梨下) : 의심받기 쉬운 행동은 피하는 것이 좋음을 이르는 말
② 구밀복검(口蜜腹劍) : 말로는 친한 듯하나 속으로는 해칠 생각이 있음을 이르는 말
③ 교각살우(矯角殺牛) : 잘못된 점을 고치려다가 그 방법이나 정도가 지나쳐 오히려 일을 그르침을 이르는 말

3. ①

세속오계(世俗五戒) … 신라 진평왕 때 승려 원광이 화랑에게 일러 준 다섯 가지 계율

4. ①

② 오랜만에 ③ 며칠 ④ 틈틈이

5. ①

의존명사는 띄어 쓴다.
① 먹을만큼 먹어라. → 먹을 만큼 먹어라.

6. ④

시나브로는 단일어이다.
① 말(실질) + 소(실질) : 합성어
② 조(실질) + 쌀(실질) : 합성어
③ 까막(실질) + 까치(실질) : 합성어

7. ④

④ '수나 분량, 시간 따위를 본디보다 많아지게 하다'라는 뜻의 '늘리다'가 적절하게 쓰였다.
① '가능한'은 그 뒤에 명사 '한'을 수식하여 '가능한 조건하에서'라는 의미로 사용한다. '가능한 빨리'와 같이 부사가 이어지는 것은 적절하지 않다.
② '아니하다(않다)'는 앞 용언의 품사를 따라가므로 '효과적이지 않은'으로 적는다.
③ '~에/에게 뒤지다'와 같이 쓰는데, '그들'이 사람이므로 '그들에게'로 쓴다.

8. ④

① 초콜렛 → 초콜릿
② 컨셉 → 콘셉트
③ 악세사리 → 액세서리

9. ①

밑줄 친 부분은 '(속되게) 이익이 되는 어떤 것이나 사람을 차지하다.'라는 의미로 사용되었다.

② 무엇을 밝히거나 알아내기 위하여 상대편의 대답이나 설명을 요구하는 내용으로 말하다.

③ 입 속에 넣어 두다.

④ 남에게 입힌 손해를 돈으로 갚아 주거나 본래의 상태로 해 주다.

10. ③

• ㉠의 앞 뒤 문장을 보면 각 개인이 타고난 것에 대한 권리가 당연하다고 생각한다고 언급하고 이 것은 우연적이라고 상반된 입장을 취하고 있다. 따라서 ㉠에 들어갈 접속사는 '그러나'가 적절하다.

• ㉡의 앞 뒤 문장을 보면 상속된 재산이라 하더라도 사회적 시스템 속에서 가치를 인정받게된 것이라 언급하고, 그 재산에 대한 권리는 제한적이거나 없다고 말하고 있다. 앞의 문장을 근거로 뒷 문장에서 결론을 내리는 것으로 보아 ㉡에 들어갈 접속사는 '따라서'가 적절하다.

11. ④

㉠은 사실 진술, ㉡은 의견 진술, ㉢은 첨가 ㉣은 예시이다.

12. ④

컴퓨터 게임의 장점 중 정신적인 면과 관련된 예로 '운동 능력의 발달'은 적절하지 않다. 운동 능력은 정신적인 측면이 아닌 육체적 측면이며, 컴퓨터 게임의 장점이 될 수도 없다. 또한, 단점의 생활적인 면에서 '스트레스 해소'는 단점이 될 수 없다. 오히려 컴퓨터 게임의 장점으로 들어가는 것이 적절하다.

13. ②

㈐ 독립신문의 출현과 한글 사용으로 인한 영향 → ㈑ 한글을 채택한 이유 → ㈏ 독립신문에서의 한글 채택의 의의 → ㈎ 결론의 순서로 배열하는 것이 적절하다.

14. ④

뉴턴은 절대 공간을 상정하여 우리가 운동을 할 때 비교할 대상이나 물체가 없어도 그 안의 운동을 느낄 수 있다고 하였다. 그러나 마흐는 이와 달리 우리가 운동을 할 때 비교할 대상이나 물체가 없다면 이를 느낄 수 없다고 하였다.

15. ③

글쓴이는 세계의 수많은 언어가 빈사 상태에 처해 있다는 문제적 상황과 원인 분석, 극복 방안 및 극복 이유 등을 제시하고는 있으나, 자신의 생각을 강화하기 위하여 권위 있는 전문가의 말을 인용하거나 빌려오지는 않았다.

16. ④

밑줄 친 부분은 계급적 차이에 따른 언어의 차이를 말하는 것이다.
①② 지리적 요인에 의한 언어의 차이에 대한 예
③ 시대적 요인에 의한 예
④ 사회 계층에 따른 언어의 차이

17. ④

(가)와 (나)의 관계는 (가)에서 상대방의 견해를 수용한 뒤 (나)에서 이에 대한 반론의 근거를 마련하고 있다고 정리할 수 있다.

18. ③

① Bleach는 가장 작은 포켓북이므로 마지막 순서에 온다.
② Slam Dunk와 The Moon and Sixpence 둘 중 어떤 책이 더 큰지는 알 수 없다.
④ Demian이 더 큰지 Slam Dunk가 더 큰지 알 수 없다.

19. ②

	영화관	야구장	도서관	백화점
A	O	X	X	X
B	X	X	O	X
C	X	X	X	O
D	X	O	X	X

20. ②

'가이드는 신뢰할 수 있는 사람이다.'가 참이 되려면, '가이드는 많은 정보를 알고 있다.'와 '많은 정보를 알고 있는 사람은 신뢰할 수 있는 사람이다.'가 필요하다.
따라서 ②가 정답이다.

21. ③

① 두 명이 각각 1건씩만 수술했다면, 나머지 두 명이 8건의 수술을 해야 한다. 그런데 어떤 두 의사의 수술 건수도 3건 이상 차이가 나지는 않는다고 했으므로 틀린 말이 된다. (참)
② 갑이 4건의 수술을 진행했다면 남은 수술 건수는 6건이다. 3건 이상 차이가 나서는 안 되므로, 나머지 세 명이 각각 2건씩 수술을 진행하였다. (참)
③ 을과 병이 각각 3건의 수술을 진행했다면 남은 수술 건수는 4건이다. 3건 이상 차이가 나서는 안 된다는 조건을 만족하는 경우는 갑과 정이 2건씩 수술을 진행하거나 갑과 정이 1건과 3건의 수술을 진행하는 두 가지 경우가 있다. (거짓)
④ 정이 1건의 수술을 진행했다면 남은 수술 건수는 9건이다. 3건 이상 차이가 나면 안 되므로 나머지 의사들이 각각 3건씩 수술을 진행하였다. (참)

22. ②

① 복사기를 같이 쓴다고 해서 같은 층에 있는 것은 아니다. 영업부가 경리부처럼 위층의 복사기를 쓸 수도 있다.

③ 인사부가 2층의 복사기를 쓰고 있다고 해서 인사부의 위치가 2층인지는 알 수 없다.

④ 제시된 조건으로 기획부의 위치는 알 수 없다.

⑤ 제시된 조건으로는 알 수 없다.

23. ③

마지막 단서에서부터 시작해서 추론하면 된다.

직원 A는 자녀가 있으며 이직경력이 있는 사원이다. 따라서 이직경력이 있기 때문에 ㉣에 의해 A는 우수에 속한 사원이 아니다. 또 자녀가 있으며 우수에 속하지 않았기 때문에 ㉢에 의해 35세 미만인 것을 알 수 있다. 35세 미만이기 때문에 ㉡에 의해 최우수에 속하지도 않고, 이 결과 A는 보통에 해당함을 알 수 있다. ㉤에 의해 대출을 받고 있으며, 무주택 사원이 아님을 알 수 있다.

∴ A는 35세 미만이고 주택을 소유하고 있다.

24. ③

결론이 '자동차는 1번 도로를 지나오지 않았다.'이므로 결론을 중심으로 연결고리를 이어가면 된다.

자동차가 1번 도로를 지나오지 않았다면 ㉠에 의해 이 자동차는 A, B마을에서 오지 않았다. 흙탕물이 자동차 밑바닥에 튀지 않고 자동차를 담은 폐쇄회로 카메라가 없다면 A마을에서 오지 않았을 것이다. 도로정체가 없고 검문소를 통과하지 않았다면 B마을에서 오지 않았을 것이다. 폐쇄회로 카메라가 없다면 도로정체를 만나지 않았을 것이다. 자동차 밑바닥에 흙탕물이 튀지 않았다면 검문소를 통과하지 않았을 것이다.

따라서 자동차가 1번 도로를 지나오지 않았다는 결론을 얻기 위해서는 폐쇄회로 카메라가 없거나 흙탕물이 튀지 않았다는 전제가 필요하다.

25. ②

영희가 범인이라면 첫 번째, 세 번째 조건은 참이고, 두 번째 조건은 거짓이다.

순이가 범인이라면 모든 조건이 참이다.

보미가 범인이라면 두 번째, 세 번째 조건은 참이고, 첫 번째 조건은 거짓이다.

한 진술은 거짓이고, 나머지 진술은 참이 되어야 하므로 ②는 거짓이다.

26. ③

대은은 김씨도 아니고, 박씨도 아니므로 서씨이다. 대은은 2루수도 아니고, 1루수도 아니므로 3루수이다. 대은은 1루수보다 나이가 어리고, 박씨 성의 선수보다 나이가 어리므로 18세이다. 선호는 김씨가 아니므로 박씨이고, 나이가 가장 많으므로 24세이다.

	1루수	2루수	3루수
성	김	박	서
이름	정덕	선호	대은
나이	21세	24세	18세

27. ②

홀수 항만 보면 +7씩, 짝수 항만 보면 −7씩 변화하는 규칙을 가진다.

28. ②

앞의 두 항을 더한 결과가 다음 항의 값이 되는 피보나치 수열이다.

$21 + 34 = 55$, $34 + 55 = 89$이므로 빈칸에 들어갈 수는 55가 된다.

29. ②

e에 들어갈 숫자를 제외하고 8개의 숫자를 두 개씩 짝지었을 때 각각의 합이 일치하면 된다. 따라서 5~13까지 합 81에서 e에 해당하는 숫자를 뺀 값이 4의 배수이어야 한다. 왜냐하면 a + i = b + h = c + g = d + f이므로 81 - e = 4(a + i)가 성립하기 때문이다. 5일 경우 81-5=76, 7일 경우 81-7=74, 9일 경우 81-9=72, 13일 경우 81-13=68이므로 7은 e자리에 들어갈 수 없다.

30. ②

연속된 두 정수를 x, $x+1$이라 하면 $x+(x+1)=29$이고 $x=14$이다.

그러므로 연속하는 두 정수는 14, 15가 된다.

$\therefore 14 \times 15 = 210$

31. ①

7% 소금물의 양을 x라 하면 5% 소금물의 양은 $200+x$이다.

소금의 양 = 소금물의 양 $\times \dfrac{소금물 농도}{100}$

$200 \times \dfrac{4}{100} + x \times \dfrac{7}{100} = (200+x) \times \dfrac{5}{100}$

$\therefore x = 100$

32. ④

① 1인당 GDP 국가순위와 여성권한척도 국가순위의 차이가 가장 큰 국가는 필리핀이다.

② 필리핀은 1인당 GDP 순위가 다른 국가들에 비해 현저히 낮지만 여성권한척도 순위는 한국보다 높다.

③ 각 국가 여성들의 소득격차는 주어진 표로 알 수 없는 내용이다.

33. ②

나이별로는 50대, 학력별로는 초등학교·중학교 졸업한 사람들, 성별로는 여자가 믿는 확률이 높다.

34. ④

회사법인의 사업체당 면적의 크기 : $\dfrac{155,000}{50} = 3,100$

회사 이외의 법인의 사업체당 면적의 크기 : $\dfrac{54,000}{91} = 593.406$

35. ②

가장 적은 비용인 C, D, E부터 연결하면 C, D, E가 각각 연결되면 C와 E가 연결된 것으로 간주되므로 이때 비용은 8억이 든다. 그리고 B에서 C를 연결하면 5억, A에서 D를 연결할 때 7억의 비용이 들기 때문에 총 20억의 비용이 든다.

36. ③

제시된 전개도를 접으면 ③이 나타난다.

37. ④

해당 도형을 펼치면 ④가 나타날 수 있다.

38. ②

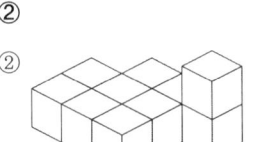

39. ④

101101	111110	<u>111011</u>	11010	101011	110001
1101011	<u>1101010</u>	1110011	1010001	1110001	1010101
10101110	10101111	10111011	<u>10101011</u>	10101010	0110011

40. ③

③

41. ④

사각형 안의 검은색 삼각형이 왼쪽, 오른쪽으로 번갈아 반복되고 있다. 빈칸에 오게 될 그림을 생각해 보면 검은색 삼각형이 왼쪽, 오른쪽으로 번갈아 반복되고 있으므로 흰색의 삼각형 역시 왼쪽, 오른쪽으로 번갈아 반복되어야 한다. 처음에 흰색의 삼각형이 오른쪽에 있으므로 빈칸에는 흰색의 삼각형이 왼쪽에 있는 그림을 골라야 한다.

42. ①

두 그림의 관계는 270°회전 관계다.

43. ④

④

44. ③

왼쪽에서 본 모습　　정면 위에서 본 모습

45. ①

1단 : 18개, 2단 : 10개, 3단 : 4개, 4단 : 2개, 5단 : 1개
총 35개

1. ④

위에 제시된 관계는 세계 각 나라와 그 나라에 있는 건축물을 짝지은 것이다. 이탈리아에는 피사의 사탑이 있다.

2. ①

'커녕'은 조사이므로 붙여 쓴다.
① 사과는 커녕 → 사과는커녕

3. ②

'위로 끌어 올리다'의 뜻으로 사용될 때는 '추켜올리다'와 '추어올리다'를 함께 사용할 수 있지만 '실제보다 높여 칭찬하다'의 뜻으로 사용될 때는 '추어올리다'만 사용해야 한다.
① 쓰여지는 지 → 쓰이는지
③ 나룻터 → 나루터
④ 서슴치 → 서슴지

4. ④

④ 곽망풍, 된바람, 삭풍, 호풍은 북풍의 다른 이름이다.

5. ①

'있다'의 어간 '있-'에 '어떤 일에 대한 원인이나 근거'를 나타내는 연결 어미 '-(으)매'가 결합한 형태이다.
② '선보이-'+'-었'+'-어도' → 선보이었어도 → 선뵀어도
③ 한글 맞춤법 제40항에 따르면 어간의 끝음절 '하'가 아주 줄 적에는 준 대로 적는다. 따라서 '야속하다'는 '야속다'로 줄여 쓸 수 있다.
④ '마구', '많이'의 뜻을 더하는 접두사 '처-'를 쓴 단어이다. '(~을) 치다'의 '치어'가 준 말인 '쳐'가 오지 않도록 한다.

6. ①

- ㉠의 앞 뒤 문장을 보면 서버의 작업률 역시 시간에 대한 평균값이 되므로 특정 시점의 작업률은 어떤 범위에 속한 하나의 값이라고 언급하고, 작업률에 어떤 값이 적용되느냐에 따라 그 값은 달라진다고 말했다. 따라서 앞 문장을 근거로 뒷 문장에서 정리하고 있기 때문에 ㉠은 '따라서'가 적절하다.
- ㉡의 앞 뒤 문장을 보면 작업률의 값이 달라질 수 있다고 말하고, 서비스 시간과 도착 간격을 언급하여 구체적으로 접근하고 있다. 따라서 ㉡은 예시를 통해 이어줄 수 있는 접속사가 와야 한다.

7. ①

㉠은 일반적 진술이며 ㉡㉢㉣은 ㉠에 대한 상술이다. 이를 통해 ㉤과 같은 결론을 내리고 있다.

8. ①

① 위 글에 나타나지 않은 내용이다.
② 3문단
③ 2문단
④ 1문단

9. ①

㉠ 뒤에 나오는 '기질 작용 부위의 구조와 효소의 구조가 서로 맞아야만 반응이 일어나기 때문이다.'라는 말로 볼 때, 서로의 구조가 맞는 것은 '자물쇠와 열쇠'의 관계이다.

10. ③

① 전체 교통사고 사망자 중 보행 중 사망자가 차지하는 비율은 37.4%로 OECD 국가 평균인 16.6%보다 2배 이상 높다.
② 2008년 어린이 교통사고 발생 건수 : 17,874
   사망자 수 : 161명
   $\dfrac{161}{17,874} \times 100 = 0.9\%$
③ 2007년 대비 2008년 보행 중 사망자 수 감소율은 7.3%로 10%를 넘지 않는다.
④ 2008년 어린이 교통사고 발생률은 2007년에 비배 2.9% 감소하였다.

11. ①

이 글에서 '사람과 같은 감정'이란 의식적인 사고가 따르는 2차 감정을 의미한다고 하였다. 새끼 거위가 독수리 모양을 보고 달아나는 것은 공포감으로, 이것은 본능적인 차원의 1차 감정에 해당된다. 그러므로 ①은 밑줄 친 부분의 근거가 될 수 없다.

12. ①

② 첫째 문단에서 한글 자판의 사례를 통해 더 효율적이고 편리한 방식(세벌식 자판)이 꼭 더 많이 선택되는 것이 아님을 드러냈다.
③ 마지막 문단에서 '소비자는 제품의 질이나 가격 이외의 요인으로 인해 재화나 서비스를 선택할 수 있음'에서 확인할 수 있다.
④ 둘째 문단의 내용에서 확인할 수 있다.

13. ③

제시된 글에서 (나)는 학문에서 진리를 탐구하는 행위는 논리로 이루어진다고 말하면서 논리의 중요성을 강조하고 있다. 그러면서 (라)를 통해 논리에 대한 의심이 생길 수 있으나 학문은 논리를 신뢰하는 이들이 하는 행위라고 이야기하고 있다. 이러한 논리에 대한 믿음은 (가)에서 더욱 강조되고 있다. 마지막으로 (다)에서는 학문하는 척 하면서 논리를 무시하는 일부의 교수들을 막아야 한다고 주장하고 있다.

14. ④

① 사사건건(事事件件) : 해당되는 모든 일마다. 또는 매사에
② 멸사봉공(滅私奉公) : 사욕을 버리고 공익을 위해 힘씀
③ 문전성시(門前成市) : 찾아오는 사람이 많아 집 문 앞이 시장을 이루다시피 함을 이르는 말

15. ④

① 나루터   ② 으스대다   ③ 샛별

16. ④

서론에서 '무분별한 여가 형태의 범람으로 사회 문제화'가 되고 있다는 것을 문제점으로 지적했는데, 여가 시설을 양적으로만 확충하는 것은 바람직한 여가 문화를 위한 대안이라고 할 수 없다. 또한 대안은 원인을 바탕으로 하여 도출해낼 수 있다. ㉠에서 여가에 대한 그릇된 인식이 원인이라고 제시하였으므로 그에 대응하는 대안방안으로 ①의 삶의 재충전으로서의 여가 인식을 들 수 있다. 사회적 여가 시설의 부족은 ②의 국가적 차원에서의 시민 오락 시설 개발이 대안이 될 수 있으며, 마지막으로 상업주의에 편승한 일부 언론, 기업의 오도는 ③의 개성적 여가 문화의 창출이 바람직한 여가 문화를 위한 대안이 된다.

17. ③

③ 조선 전기에 아들과 딸을 구별하지 않고 출생 순서대로 기재하였다.

18. ①

C팀의 점수는 기존의 승점제에 따르면 6점, 새로운 승점제에 따르면 9점이다.
C팀과의 경기를 제외한 5팀 간의 경기는 모두 무승부이므로, 나머지 팀은 모두 4무의 기록을 가진다. C팀과의 경기에서 승리한 팀이 2팀이고, 패배한 팀이 3팀이다.
C팀과의 경기에서 승리한 2팀은 1승 4무이므로, 기존의 승점제에 따르면 6점, 새로운 승점제에 따르면 7점이다.
C팀과의 경기에서 패배한 3팀은 4무 1패이므로, 기존의 승점제와 새로운 승점제에 따르면 모두 4점이다.
따라서 새로운 승점제에 따르면 C팀의 점수가 9점으로 가장 높아 1위가 되므로 A는 옳다.

19. ②

조건대로 하나씩 채워나가면 다음과 같다.

	A	B	C	D	E
해외펀드	×	×	○	×	×
해외부동산	×	○	×	×	×
펀드	×	×	×	×	○
채권	○	×	×	×	×
부동산	×	×	×	○	×

A와 E가 추천한 항목은 채권, 펀드이다.

20. ①

두 번째 조건의 대우 : B가 참이거나 F가 거짓이면, C는 거짓이고 D도 거짓이다.

→C도 거짓, D도 거짓

세 번째 조건의 대우 : B가 거짓이고 F가 거짓이면, C는 거짓이고 E는 참이다.

→B를 모르기 때문에 E에 대해 확신할 수 없다.

첫 번째 조건의 대우 : A가 참이면, B가 참이고 C가 거짓이다.

따라서 A가 참이라는 것을 알면, B가 참이라는 것을 알고, 세 번째 조건의 대우에서 E가 참이라는 것을 알 수 있다.

21. ④

둘 다 거짓이 될 때만 거짓이 되고, 둘 중에 하나만 참이 되어도 참이 된다. A가 월요일에 말했다면 이 말 전체가 참이 되는데, 그럼 월요일에 거짓말을 한다는 전제가 모순이 된다. 따라서 월요일은 아니다. 월요일이 아닌 다른 날에 한 진술은 참이어야 하므로 결혼을 하는 것은 진실이 된다.

22. ②

작품 밑에 참인 글귀를 적는 진수와 상민이 그렸다면, 진수일 경우 진수가 그리지 않았으므로 진수는 그림을 그린 것이 아니고 상민일 경우 문제의 조건에 맞으므로 상민이 그린 것이 된다.

23. ④

'소방대원은 열정적인 사람이다.'가 참이 되려면, '소방대원은 물불을 가리지 않는다.'와 '물불을 가리지 않는 사람은 열정적인 사람이다.'가 필요하다. 따라서 ④가 정답이다.

24. ④

제시된 조건에 따라 극장과 건물 색깔을 배열하면 C(회색), B(파란색), A(주황색)이 된다.

25. ④

농부와 의사의 집은 서로 이웃해 있지 않으므로, 가운데 집에는 광부가 산다. 가운데 집에 사는 사람은 광수이고, 개를 키우지 않는다. 파란색 지붕 집에 사는 사람이 고양이를 키우므로, 광수는 원숭이를 키운다. 노란 지붕 집은 의사의 집과 이웃해 있으므로, 가운데 집의 지붕은 노란색이다. 따라서 수덕은 파란색 지붕 집에 살고 고양이를 키운다. 원태는 빨간색 지붕 집에 살고 개를 키운다.

26. ④

④ E가 A의 수호천사가 될 수 있기 위해서는 A가 E의 수호천사이고 E는 자기 자신의 수호천사가 되어야 한다. 그러나 A는 E의 수호천사이나, E는 자기 자신의 수호천사가 아니므로 E는 A의 수호천사가 될 수 없다.

① A → B → C → D → B ∩ E 이므로 A는 B, C, D, E의 수호천사가 된다.

② A가 B의 수호천사이고 B는 자기 자신의 수호천사이므로 B는 A의 수호천사가 될 수 있다.

③ C는 B의 수호천사이고 B는 C의 수호천사이기 때문에 C는 자기 자신의 수호천사이다.

27. ④

30개의 제품이 합격품으로 인정받으려면 24개의 합격품 중 2개를 뽑아야 한다.

상자에서 처음 꺼낸 제품이 합격품이 나올 확률은 $\frac{24}{30} = \frac{4}{5}$, 두 번째 제품이 합격품일 확률은 $\frac{23}{29}$이다.

$$\therefore \frac{4}{5} \times \frac{23}{29} = \frac{92}{145}$$

28. ②

증발시키는 물의 양을 x라 하면 10% 소금물의 양은 $400 - x$이다.

소금의 양 = 소금물의 양 × $\frac{\text{소금물농도}}{100}$

$$400 \times \frac{6}{100} = (400 - x) \times \frac{10}{100}$$

$$\therefore x = 160$$

29. ①

연속한 제 자연수를 a − 1, a, a + 1 이라고 할 때, a − 1 + 5a + a + 1 = 7a = 49이므로 a = 7이다.

연속하는 세 숫자 a − 1, a, a + 1 중 가장 작은 숫자는 7 − 1 = 6

30. ①

각 항에서의 증가폭이 +1, +2, +4, +8, +16이다. 각각 2^0, 2^1, 2^2, 2^3, 2^4이므로 다음 항에서는 $2^5 (= 32)$만큼 증가할 것을 알 수 있다. 따라서 37 + 32 = 69가 된다.

31. ①

• 앞의 항의 분모에 $2^1, 2^2, 2^3, \cdots\cdots$을 더한 것이 다음 항의 분모가 된다.

• 앞의 항의 분자에 $3^1, 3^2, 3^3, \cdots\cdots$을 더한 것이 다음 항의 분자가 된다.

따라서 $\dfrac{121+3^5}{33+2^5} = \dfrac{121+243}{33+32} = \dfrac{364}{65}$

32. ①

$A = 3{,}000{,}000 + (30{,}000 + 10{,}000) \times 12 = 3{,}480{,}000$(원)

$B = 2{,}700{,}000 + (40{,}000 + 10{,}000) \times 12 = 3{,}300{,}000$(원)

$C = 2{,}400{,}000 + (30{,}000 + 20{,}000) \times 12 = 3{,}000{,}000$(원)

33. ①

3년 간 들어가는 전기료와 관리비를 계산하면

$A = (30{,}000 + 10{,}000) \times 36 = 1{,}440{,}000$(원)

$B = (40{,}000 + 10{,}000) \times 36 = 1{,}800{,}000$(원)

$C = (30{,}000 + 20{,}000) \times 36 = 1{,}800{,}000$(원)

따라서 B에 비해 360,000, C에 비해 360,000원을 절약할 수 있다.

34. ①

① 피자 2개, 아이스크림 2개, 도넛 1개를 살 경우, 행사 적용에 의해 피자 2개, 아이스크림 3개, 도넛 1개, 콜라 1개를 사는 효과가 있다. 따라서 총 칼로리는 $(600 \times 2) + (350 \times 3) + 250 + 150 = 2{,}650$kcal이다.

② 돈가스 2개(8,000원), 피자 1개(2,500원), 콜라 1개(500원)의 조합은 예산 10,000원을 초과한다.

③ 아이스크림 2개, 도넛 6개를 살 경우, 행사 적용에 의해 아이스크림 3개, 도넛 6개를 구입하는 효과가 있다. 따라서 총 칼로리는 $(350 \times 3) + (250 \times 6) = 2{,}550$kcal이다.

④ 돈가스 2개, 도넛 2개를 살 경우, 행사 적용에 의해 돈가스 3개, 도넛 2개를 구입하는 효과가 있다. 따라서 총 칼로리는 $(650 \times 3) + (250 \times 2) = 2{,}450$kcal이다.

35. ③

B집단의 업무의욕이 가장 높지만 승진시험 성적이 가장 낮으므로 업무의욕과 승진시험성적은 비례한다고 말할 수는 없으나 인사담당자 평가에서는 업무의욕에 비례하여 좋은 평가를 받는다.

36. ④

두 화살표의 각도가 처음에 180°, 두 번째는 45°, 세 번째는 90°인데 계속적으로 각도가 변화하고 있다. 네 번째에 두 화살표의 각도가 45°를 이루고 있으므로 다음에 오게 될 화살표의 각도는 45°와는 달라야 한다. 보기에서 두 화살표의 각도가 180°인 ④가 된다.

37. ③

두 그림의 관계는 180°회전 관계다.

38. ②

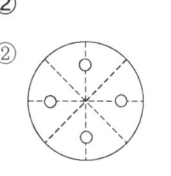

46 ②

②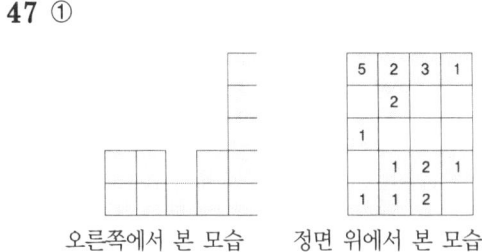

39. ②

②

40. ①

⊠	☑	우	❀	☼	☂	♨
8	⬇	▢	?	☽	✂	⬉
▸	⬆	☼	우	π	❀	∽
品	인	⚔	♫	?	⊠	品
❀	▸	☂	인	π	∽	⬉
⬇	8	✂	♨	⬆	우	☽
⚔	☼	☑	?	⬉	π	☂

41. ②

1단 : 13개, 2단 : 5개, 3단 : 2개, 4단 : 2개, 5단 2개 총 24개

47 ①

5	2	3	1
	2		
1			
		1	2	1
	1	1	2

오른쪽에서 본 모습   정면 위에서 본 모습

32

42. ④

제시된 전개도를 접으면 ④가 나타난다.

43. ①

해당 도형을 펼치면 ①이 나타날 수 있다.